「宇宙の音楽」を聴く

指揮者の思考法

伊藤玲阿奈

光文社新書

はじめに

だれも、説得によっては人を変えることなどできない。
私たちひとりひとりは変化への門をかたく守っていて、
その門はその人の内側からしか開けられないのだから。
マリリン・ファーガソン（社会心理学者）

私、伊藤玲《れ》阿《お》奈《な》は音楽家です。

といっても、専門はオーケストラや歌手・合唱の指揮ですから、肩書きとしては「指揮者」になります。２００８年、29歳のときニューヨークでプロ指揮者としてデビューしました。現在もこの街を拠点にしています。

もともとは福岡の出身です。高校を卒業後、国連で安全保障・平和維持にかかわる仕事を夢みてアメリカに渡り、ジョージ・ワシントン大学の国際関係学部に入学しました。

図0・1　指揮中の筆者
Photo by Masao Katagami (http://masaokatagami.com)

しかし人生なにが起こるか本当に分かりません。ひょんなことから音楽家になってしまい、気がつけば日本を離れて23年以上になるのですから……。

音楽家になると決めたのは20歳のとき。幼少からずっと訓練をすべきクラシック音楽家としては遅すぎるスタートでしたから、相当の焦りがありました。「指揮者は絶対こうあるべきだ」という強い自意識で武装し、無謀なまでに実践しようとしたものです。

自分の夢や理想を実現することを「自己実現」と難しい言葉でいいますが、いま振り返ると、30代前半までの自分は〝自己実現の鬼〟だったと思います。

しかし〝鬼〟であったからこそ、カーネギーホールの舞台から大学院の二浪まで、大統領との会見から興行《こうぎょう》詐欺《さぎ》の被害まで、人生の光も影も経験できたことは確かです。

＊

こんな私が書いた、『「宇宙の音楽」を聴く』という奇妙なタイトルの本書を手にとられたとき、どのような本だと皆さんは思われたでしょう。

想像すると楽しくなります。

素直に「音楽の本」と思われた方、ここまで読んで「社会論？ 人生論？」と首を傾《かし》げられた方、色々といらっしゃるはずです。しかし実のところ、どれもピタリとは当てはまりません。

それでは、いったい何が本書のテーマなのでしょうか。

＊

私たちは今、以前には考えられなかったようなスピードで世界が変化する時代に生きています。むかし教えられたことが通用しなくなるなど序の口で、まったく逆のことが正しいとされることさえ頻繁に起こるようになりました。

しかもテクノロジーの力によって、そのスピードがどんどん増している状況です。わずか5年10年たっただけでも、かつての成功体験が通用しないことなど日常茶飯事《さはんじ》になっています。インターネット関連のビジネスなど、そのサイクルがもっと短いことでしょう。

つまり、この変化への対処にもしも失敗したら、若い世代であろうが、これまで真面目に仕事してこられた方であろうが、測り知れない困難に直面することになるのです。

図0・2　コロナ禍で激変したニューヨーク。ラッシュアワーなのに人も車もまばら。グランドセントラル駅（中央駅、左）と目抜き通りの42丁目（右）。（ロックダウン直前に筆者撮影）

テクノロジーのみならず価値観や気候といったことまで、あらゆる変化にしなやかに対処できるかどうかは、いまや個人としても国全体としても死活問題になっています。

特に2020年は、それにどう対処するかで明暗がはっきり分かれた年でした。

私はこの本を、コロナウイルスによるロックダウン（都市封鎖）のさなか、ちょっと前までの日常が壊れゆくさまを目の当たりにしながら書いています。ニューヨークは東京の比ではないほど、何もかもが一変《いっぺん》してしまいました。それゆえに、すぐ順応して対策をねった人とそうでない人との差は、時間が経過するほど開いています（図0・2）。

コロナ流行の兆《きざ》しが出た頃から対応できたのはアメリカでも少数派のようでした。それができた人や企業は、ロックダウンがきても生活水準や業績をそのまま保つか、むしろ伸ばしています。

一方、混迷しているのが多数派です。オンライン化に乗り遅れた人は生活危機、株価対策に執着して自社株買いをすぐに止めなかった企業は資金ショートの危機、といった具合に。失業率が10%をこえた時期さえあり、続々と経営破綻しています。

このように、対処の仕方しだいで結果にひときわ差がひらく傾向は、コロナ禍《か》が収まったあとも続くのでしょう。そしてさらに多くの人々を混迷の渦《うず》へと巻きこむのです。

本書を手に取られた皆さんも、時代の変化にどう対処すべきか悩んでおられるかもしれません。もしかしたら、変化した状況では自分自身になかなか価値を見出せず、苦しんでおられる方さえいらっしゃるかもしれません。はたまた、変わってしまった社会や人々に対して怒りを感じる方もいらっしゃることでしょう。

では、どのようにしたら上手に対処できるのでしょうか。そして、この変わりゆく時代に生じてくる苦しみや怒りから、どうすれば解放されるのでしょうか。

これに対する私なりの答えを皆さんにご提案すること――それが本書のテーマです。

*

ところで、ふだん私たちは常識やら信念やらをもって生きています。たとえば次のようなものは代表的です。

「個性をのばして、自分の好きな夢をかなえるのが成功であり、幸せ」

これを疑う人はまずいらっしゃらないはずです。私たちは小さい頃からこのように教えられてきました。まさしく私たちの常識、かつ個人の信念になっています。

ところが江戸時代より前の日本では違ったのです。身分制度が当たり前、そのうえ職業の選択さえ制限されていた時代では、「自分の好きな夢をかなえる」など常識になるはずもありませんでした。

われわれ現在の日本人がなぜこれを常識に思うかといえば、明治維新によって「自由」という西洋の思考回路が輸入されて、それが約１５０年かけて根付いたからに他なりません。すなわち「自分の人生は自分で決めるべき」という近代の西洋で主流となった思考回路が、私たちの頭にもインプットされたからなのです（第3章でくわしくご説明します）。

つまり、ふだん疑うことなく頼っている常識やら信念やらというものは、私たちの内側でうごく**思考回路**があってこそ生まれてきます。

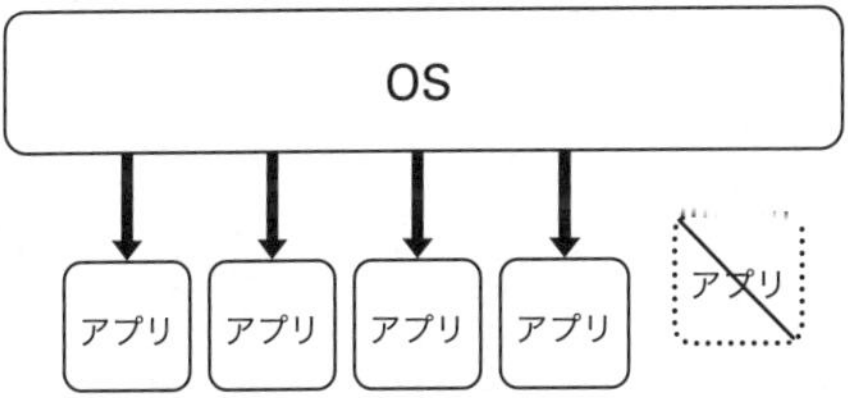

図０・3　OSとアプリ。OSのプログラムがアプリを動かすため、OSなしにはアプリは動かない。つまり、OSが思考回路とすれば、アプリは私たちの常識や言動にたとえられる。Designed by mogmin (http://mogmin.com)

これをスマートフォンでたとえるなら、ＯＳ（オペレーティングシステム）とアプリケーション（アプリ）の関係となるでしょうか。

ＯＳとは、機械を動かしているプログラムのこと。スマホそのものを動かすのですから、ＬＩＮＥに代表されるアプリの方はＯＳなしに決して稼動できません。ＯＳの枠組みがあるからこそアプリだって動けるというわけです（図０・３）。

＊

さて、本書とおなじテーマを扱った類書やセミナーはごまんとあります。そしてその道の専門家の方々がさまざまな知識やテクニックを教えてくれます。おそらく皆さんも、それらを学び、実践することでご自身を高めようとされてきたのではないでしょうか。

しかしながら考えてみて下さい。

知識やテクニックとはスマホでいうアプリにあたり、それらを生み出したり、適切に処理しようとする思考回路にあたるのがＯＳです。

ということは、いくら知識が増えてテクニックを駆使したところで、それらのアプリを裏から支配している自分の**思考ＯＳ**が修正されないかぎり、結果はそんなに期待できません。スマホ自体のＯＳをアップデートしなければ、ＬＩＮＥをいくらアップデートしようが効率的に動かなくなるように（以下、本書では「思考回路」のことを「思考ＯＳ」とも呼びます。「**思考習慣**」「**思考法**」なども同様です）。

　これをもうちょっと掘り下げてみます。

　日々《ひび》刻々《こっこく》と変わりゆく時代の状況にうまく対処するには、言うまでもなく思考の柔軟さが必要です。もっと具体的な言葉にするならば、思考している本体である自分自身を変える、それも、竹のようにしなやかな思考回路をもった自分へと変革させることを意味しています。

　もし、このような思考回路に自分をもっていくことができれば、苦しみや怒りだって少しは収まってくれるはずです。

　どんな暴風が吹いたとしても、竹は曲がれど折れることはまずありません。うまく受け流すでしょう。しかも「竹を割った性格」というように、割ろうと思えばスパッと気持ちよく

図0・4　呉鎮『墨竹譜』(部分)

割れてくれます。

要するに、自分の思考回路そのものをフレキシビリティあふれる回路へと変革することが、本書のテーマを達成するための根本的な解決法なのです。変化にうまく対処したいなら自分の内側から変えよ、ということになります。

＊

したがって本書は、根本的な解決へと皆さんを導くことを目標として、次のような流れになっています。

「はじめに」「序章」は、本書を読むうえで前提となることをお伝えする部分です。そしてその後の本編は3つの部分にわけて構成されています。

そのうち第1部（第1・2章）と第2部（第3・4章）は、私たちの日常的な言動をつくり出している思考回路そのものを自覚するパートです。

先ほど『夢をかなえる』の例から察せられるとおり、なにげない言動にも、かならず頭の内側にある思考OSが反映されていますから、それを知ることは自分自身の（そして他者の）思考や行動のパターンを解明することにつながります。くわえて、それ自体をフレキシブルなものに変えたいのであるなら、現在の自分を縛《しば》っているOSをまず知っておくのは当然でしょう。

つまり、私たちが四六時中サングラスをかけていたことに気付いて、その色や性能を確かめようとするのが第2部までです。ただし現在の日本人がかけているサングラスは、（「夢」の例もそうだったように）大半が西洋原産のものに取って代わられています。

ですから本書でフォーカスされるのも、私たちが明治維新になって輸入した西洋の思考回路です。それについて、第1部では起源（第1章）と近代における発展（第2章）を説明し、第2部では長所（第3章）と短所（第4章）を整理します。

第2部までを読まれると、**西洋OS**がいかに私たちの日常的な言動を生みだしているのか、しっかりと理解できることでしょう。

そのうえで第3部では、西洋の思考回路に支配され過ぎることの問題点をいかに克服して、苦しみや怒りに引っ張られることなく、変化にうまく対処できる自分となるかを探ります。

西洋とのバランスを適切にとってくれるものとして東洋[*1]の思考回路——なかでも古代中国のタオイズム（老荘思想）と、古代インドにおける宇宙との一体化思想——をご紹介して（第5章）、それをもとに私なりのご提案をお伝えすることになるでしょう（終章・おわりに）。

＊

この本は、予備知識がなくても読めるよう工夫して書かれてあります。「リーダーシップ」「ＳＤＧｓ」「アート思考」といった、現在のビジネスパーソンに求められている素養を、本書のテーマを理解するための手助けとなる形で散りばめました。また、各章の後にはコラムを用意して、その章にかかわる内容をクラシックの楽曲からも理解できるように配慮しています。選曲にあたっては、ふだんクラシックを敬遠されておられる方でも楽しんで頂ける小品ばかりにしました（これらの曲は、私のYouTubeチャンネルにてお聴きになれます）。

それでも人によっては退屈な部分もあるかもしれません。その場合、興味がわかない部分を斜め読みしていくか、思いきって第3章第3節へ飛んでも結構です。なお、小さい番号がふられた注釈は専門的なので、初回は無視して読み進めるほうが良いでしょう。ただ、やわらかい色のサングラスへとかけ替えられたい方は、ぜひ全体を何度か読まれてください。半年や数年たってから読み返すと、さらに効果的です。

＊

とはいえ、エピグラフ（冒頭に置いた引用句）に掲《かか》げたファーガソンの言葉がいみじくも示すとおり、知識やテクニックを与えられれば自分が変われると私たちは錯覚しがちですが、実のところ変化への門は内側からしか開きません。

音楽家になると決心してから20年――私自身もある時点までは知識やテクニックばかりに偏《かたよ》っていました。それで自分の人生もよい方向へ変化すると思っていましたから。

しかし内側から、思考回路の次元から自分を変えていくことが真の解決法だと悟ってからは、その努力をつづけてきました。自意識が強すぎて自分も他者も苦しめるばかりか、自分のやり方しか受け付けられない器《うつわ》の小さな自分が、我ながら情けなかったのです。

そして本編でもふれるように、失敗やスランプをくり返しながらも、ニューヨークの中で働けるだけのリーダーシップやコミュニケーション能力を獲得しました。もちろん変化への対処にも慣れましたし、苦しみや怒りに振り回されることも少なくなっています。

ゆえに本書は、私自身が半生をかけてやってきたことを、経験談をまじえながら整理したものです。この時代の激しい変化に立ち向かうべく、自らも内側から変わらんとする方々にとって有益の書となれば幸いです。

＊

それにしても、どうして本書は『「宇宙の音楽[*2]」を聴く』、なのでしょうか。

いったい「宇宙の音楽」とは何のことで、それと本書のテーマがどう関係するのか。まずはそこから始めねばなりません。

それでは、序章へとお進みください。

〈「はじめに」エピグラフの出典〉
Marilyn Ferguson "*The Aquarian Conspiracy: Personal and Social Transformation in Our Time*" (Routledge & Kegan Paul, 1981)、第４章１１２ページより。拙訳。
＊松尾弌之《かずゆき》氏による邦訳『アクエリアン革命』（実業之日本社）もあるが未確認。原著をもとに私が訳したもの。

「宇宙の音楽」を聴く　目次

序章　大いなる宇宙は奏でる

ただひとつ純粋に美しいもの、
神が眼前に現れてくださる唯一無二の美しさ、
それこそは宇宙の美しさである。
この世に宇宙よりも美しいものなど存在しない。

シモーヌ・ヴェイユ（哲学者）

古代人にとっての音楽

突然ですが、自分が古代人であると想像してみて下さい。[*1]

現在のように録音も再生もできない時代。音楽は生で聴くしかなく、その場かぎりだった時代……。そんな時代に生きているとしたら、私たちにとって音楽とはどのような存在になるでしょうか。
音楽、すなわち音というものは実に不思議な存在です。音には姿かたちがなく、まったく目に見えないにもかかわらず、音楽は私たちの心をこのうえなく揺り動かします。音が鳴っていると、身体がビンビンしたり、水面に波紋《はもん》が広がったりします（図0・5）。

今であれば、科学者が「音楽の感動とは音波と脳内物質の相互作用」と説明するかもしれません。皆さんも「音は空気の振動なのだから、身体や水面がそれに反応するのは当たり前だ」と思われるかもしれません。

図0・5　見えないのに水面に波紋を広げる音の不思議

しかし、科学的知識とは無縁[*2]の古代人だったなら、どうでしょう。姿かたちのない音に心を奪われてしまうことへの驚き、目には見えない何かが身体や水面に迫ってくる緊迫感——音楽とは摩訶《まか》不思議、神秘的な存在だったのではないでしょうか。古代人が「音楽には何やら不思議な力がある」と信じていたとしても、全然おかしくはありません。

くわえて、現在とは比較にならないくらい、宗教や超常現象を信じる気持ちが強かったであろうことも考慮するなら、「音楽は日常をこえた世界（＝神の世界）から来たもの」という考えにもおのずと行きつきます。

それは数多くの言い伝えや記録からもあきらかです。

アメリカ先住民にとって音楽は、病気を治したり、天候を変える力さえもあるものでした。[*3]

また聖書には、ユダヤ人の軍勢がエリコに攻め入った際、ラッパを吹きならし鬨《とき》の声をあげるや、その音によって城壁はくずれ落ちたとあります。[*4]

我が国においても、口に出した言葉（＝音）が現実化するという言霊《ことだま》信仰がありました。

これらは、古代人にとって音楽がどのような存在であったのかを、私たちによく伝えています。

図0・6　フォン・カロルスフェルト『エリコの戦い』。ラッパの音で城壁が崩れるエリコの想像図。

奇跡の連鎖である宇宙への畏敬

かわって今度は、宇宙へと目を向けてみましょう。

この宇宙は、私たちにとって奇跡としか考えられないことが連鎖して成り立っています。

たとえば、太陽と私たちの関係。

もしも地球が太陽にほんのちょっとでも近かったなら、私たちは生存できない環境になっていました。英語では「Venus《ヴィーナス》」と呼ばれる金星など、〝美の女神〟を意味する名前とは裏腹に、灼熱《しゃくねつ》地獄のような環境です。おまけに硫酸の雨が降ると言われますから[*5]、宇宙船から降りた瞬間、美の女神はゾンビになってしまいます。

けれども、なぜか丁度よい距離になっているがゆえに、中緯度地帯では四季がめぐり、自然はめぐみ豊かに育《はぐく》まれ、私たちは生き永《なが》らえることが出来るのです。これは奇跡的な事実ではないでしょうか。

しかも、太陽はそれに対して見返りなど一切もとめず、あたたかい光を誰に対しても燦燦《さんさん》とふりそそぎます。

天照大神《あまてらすおおみかみ》（日本）、ヘーリオス（ギリシャ・ローマ）、ラー（エジプト）……。

世界各地の古代人たちが太陽を神と崇《あが》めたのは、奇跡に感じられるほどの愛をそこに見たからに違いありません。

潮汐《ちょうせき》（＝潮《しお》の満ち引き）――月と太陽の引力によって海面の高さが上下する現象――にし

ても、何万、何億キロも離れた天体からの見えない力で海面が変化するなんて、やはり奇跡的です（天体の位置を気にする投資家は、ウォール街でさえ案外といるものですが、こう考えると理解できないこともありません）（図0・7）。

古代人が観察できていたのは、潮汐が月齢周期とリンクしていることだけ。ちなみに、女性の生理周期も月の周期とほぼ同じです。やはり、そこに日常をこえた次元の力を見たことでしょう。月もたいていの文明で神格化されています。

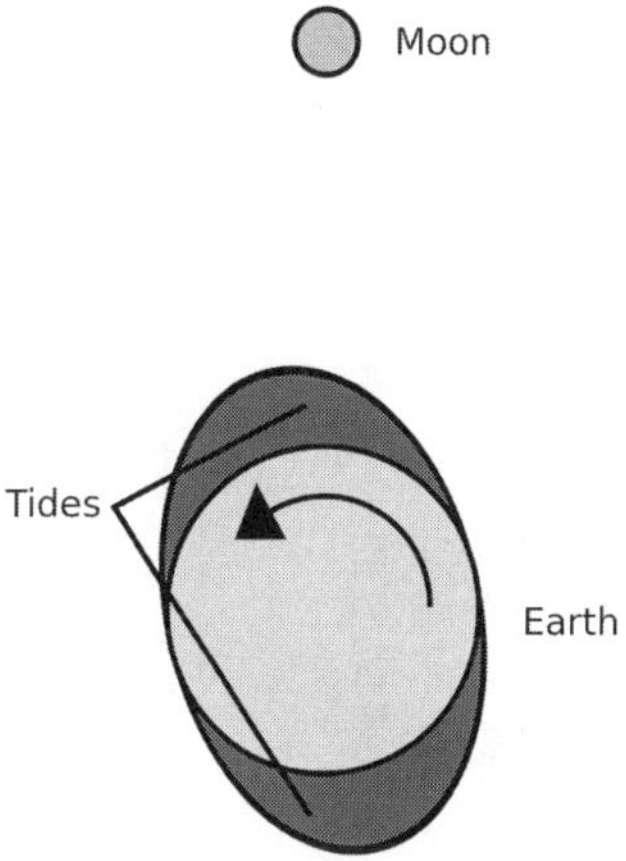

図0・7　潮汐（Tide）。月（Moon）の見えない力で地球（Earth）の海面が上下する。
"A diagram of the tidal braking effect by which the Moon slows the Earth's rotation"

日常生活では当たり前すぎて気付きにくいものですが、ちょっと想像力を羽ばたかせるなら、このような奇跡は無数に探し出すことができます。古代人ならずとも、宇宙のなかに神の存在を意識してしまうのは自然なことです。

この宇宙だけが真に美しく、

神が本当にいらっしゃるのだと私たちに実感させる——本章冒頭のエピグラフを書いたヴェイユにしても、古代の人ではなく、第2次世界大戦中に早世した女性哲学者です。人間が古《いにしえ》より抱いていた宇宙に対する畏敬の念を、まさに象徴している言葉ではありませんか。

古代における「宇宙の音楽」の成り立ち

さて、こうした宇宙への深い畏敬の念が、音楽を神聖なものとして特別視する古代人の考え方と結びついたとき、どうなるでしょう。

「音楽は不思議な力をもっており、神の世界から来た」

このように彼らは信じていたわけですから、

「神が奇跡的な力で動かしているこの宇宙は、音楽でみち溢《あふ》れている」

という考え方が出てくるのは、ごく自然なことでしょう。神が、音を発することでこの宇宙をすみずみまで動かしているイメージです（図0・8）。

たとえば、月や太陽といった天体にしても、神が見えない力で背後から動かしていると当時は考えられていました。その力を音であると信じるかぎり、それぞれの天体において何らかの音が生じているはずです。

天体だけではありません。宇宙には地球もふくまれていますから、[*6] 地上でも神の意思がはたらくところには音があることになります。

もちろん、人間の目で神の力が見えないように、人間の耳でその音を聞きとることは出来ません。

図0・8　メムリンク『キリストと奏楽天使』。天上から響きわたる天使の声は聞こえないが、たしかに存在すると信じられた。

それでも、〝宇宙にみち溢れている聞こえない音楽〟は、世界各地の古代文明において信じられていました。これこそが本書のタイトルにもなっている「宇宙の音楽」です。

「宇宙の音楽」を通して思考回路を理解する

さて、この本では「柔軟な思考OSへと自分を変革する」というテーマを掲げているにもかかわらず、それとは何の関係もなさそうに見える「宇宙の音楽」を、どうして持ち出してくるのでしょうか。

これには次のような理由があります。

いま述べたような「宇宙の音楽」への信念は、どの古代文明でもおおよそ似たようなものです。のちに本書でみる古代ギリシャ・ローマ人（古代西洋人）と古代インド人にしても、その存在を確信していました。

そして、不完全な人間の耳では無理だと分かってはいるものの、神に近づきたい一心から、「なんとかして『宇宙の音楽』を〝聴く〟方法はないものか？」と思案しました。こちらも両文明で同じです。

ところがその先、それを〝聴く〟方法になってくると、ふたつの文明ではアプローチがまったく異なります。

片方は頭をフル回転させて、もう片方はトランス状態（恍惚《こうこつ》状態）になって――こんな具合に、それぞれの文明の思考ＯＳをそのまま反映したやり方で〝聴こう〟としました。

逆にいえば、どのように「宇宙の音楽」を〝聴こう〟としたか調べると、その文明が縛られている思考ＯＳの特徴が、手に取るように分かるのです。

この理由から、これからの第1部では、西洋人たちがどのように「宇宙の音楽」を〝聴いた〟のかお話ししながら、私たちを縛っている西洋の思考ＯＳについて解き明かしていきたいと思います。また、第３部において古代東洋のＯＳをご紹介するときも同様です。

それぞれの文明による「宇宙の音楽」の〝聴き方〟を参考にしながら、変化にも動じない、しなやかな思考をもった自分へと変革する——これを目指して本書を進めることにします。

それでは第１部へと入りましょう。

〈本章エピグラフの出典〉
Simone Weil “*Waiting for God*”（translated by Emma Craufurd）（Harper & Row, 1973）
原典はフランス語。右記した英語翻訳版の１７５ページより私が日本語へと重訳した。
＊邦訳版は、シモーヌ・ヴェイユ（田辺保・杉山毅訳）『神を待ちのぞむ』（勁草書房）があるが私は未確認。

第1部

第1章　言葉は神とともに

初めに言（ことば）があった。言は神と共にあった。言は神であった。
聖書『ヨハネによる福音書』第1章第1節

プロローグ

これからの第1部（第1・2章）は、いわば己を変えるために〝己を知る〟パートです。すなわち、今の日本人を縛っている西洋ＯＳが、「どうして」「どのようにして」成立し、発展してきたのかを解き明かしていきます。

西洋人の思考回路は、**古代ギリシャ・ローマ文明とキリスト教**の影響のもとで、古代から中世にかけて基本形が整えられました。これを「**基本ＯＳ**」と呼んでおきましょう。

ただし、私たちが明治時代にダウンロードしたのは、この基本ＯＳではありません。

図1・1　西洋OSの起源は古代ギリシャ・ローマ文明とキリスト教

基本ＯＳが近代[*1]に入って革命的なアップデートを遂《と》げた、「近代西洋ＯＳ」と呼ばれるべきバージョン――こちらが現在、私たち日本人を含めた、全世界の思考回路を支配しているのです。

ですから第1部では、基本ＯＳ（本章）と近代西洋ＯＳ（第2章）に分けて、それぞれを探って参ります。

「わざわざ古代から始めなくても」という声もあるかもしれませんが、そうはいきません。自分の思考回路を変えるにあたって、その大元になっている基本ＯＳについても一から知っているか、そうでないかで、結果が雲泥の差となるのですから（それについては、本書が進むにつれて実感されることでしょう）。

＊

ゆえに本章では、まず時系列で５００～８００年ほど先行する[*2]古代ギリシャ・ローマ文明を（第1節）、つづいてキリスト教を考察し（第2節）、基本ＯＳの成り立ちを見ていくことに致します。そして第3節では、そこから導き出される西洋人の思考習慣について、ときに東洋人のそれと比べながら、おもな特徴を整理しました。

そのうえで軸となるのが、序章で予告したように「宇宙の音楽」です。古代ギリシャ・ローマ人、および中世までのクリスチャンが、どのようにして「宇宙の音楽」を〝聴こう〟としたのか——この点に注目しながら、本章は進められるでしょう。

自己変革をめざす私たちの旅は、いよいよ始まりです。

第1節　古代ギリシャ・ローマ人が〝聴いた〟「宇宙の音楽」

古代ギリシャのカリスマ教祖

すべての始まりは、ある新興宗教のカリスマ教祖でした。

その人の名は、**ピタゴラス**（前５７０〜前４９５頃）。中学校で習う「ピタゴラスの定理」によって、私たちにも馴染《なじ》みのある名前です。つい単なる古代の数学者だと思ってしまいま

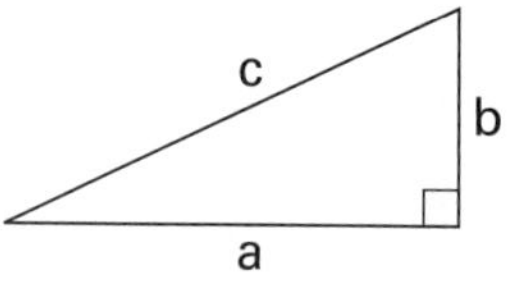

$$c^2=a^2+b^2$$

図1・2　ピタゴラスの定理。直角三角形に隠れている美しい数の秩序。

すが、彼の実像はというと、その肩書では到底おさまりきれないものです。

今から2500年以上も前ですから、日本列島では見事な土器が作られていた時代。ピタゴラスはギリシャからイタリアに移住して秘密結社のような新興宗教をつくり、そこの教祖として君臨しました。凄まじいほどの崇拝されようだったらしく、まさしくカリスマ教祖と呼ぶべき人物だったのです。

ピタゴラスの教えはとてもユニークなものでした。

500年のちに生まれたキリスト教では否定される「輪廻《りんね》転生《てんしょう》」を説いていたうえ、魂が浄化されるからという理由で、音楽と数学を研究しました。

すなわち、あの直角三角形の定理を発見したのは、魂を清めるために数学の研究に精を出した結果だったわけです。

そんな異彩を放っているピタゴラス、実は音楽でもある発見をしています。

ピタゴラスの発見

ある日のこと、鍛冶《かじ》屋の前を通りがかったピタゴラス[*3]は、職人たちが同時にハンマーを打っている音を聞いて足を止めます。聖徳太子のように、たくさんの音を同時に聴いていると、きれいに響き合うものが混じっていたからです。

「どうしたら２つの音がきれいに響き合うのじゃろう？」

根っからの数学者である彼は、ここでピンと来ました。

「もしや、ハンマーの重さと関係があるのじゃあるまいか？」

そこで鍛冶屋に頼んで、いろいろな重さのハンマーで音を出してみることにしました。

すると、２つのハンマーの重量比が１：２、２：３、そして３：４になったとき、２つの音はきれいに響き合ったではありませんか。

「こんなカラクリがあったとは！」

驚いたピタゴラス。すぐさま教団にもどり、今度は弦の長さを変えられる、特殊な竪琴《たてごと》を使って実験することにしました。グランドピアノのふたを開けて見ると分かる通り、短い弦なら高い音が、長い弦なら低い音が出ます。

図1・3　ハンマーや弦から出る音を調べるピタゴラス。完全な協和音は整数比で表せることを発見。

結果はハンマーと同じでした。とても調和した響きになる（協和音）2弦の長さを比べても、やはり1：2、2：3、そして3：4。

逆に、2つの音が不安定で、調和しなくなるほど（不協和音）、弦の長さの比は複雑になることが分かりました。たとえば、特に不安定、かつ不快に響いてしまうドとファ#の場合、729：512になります。[*4]

「調和した響きになる音ほど、シンプルな整数比になっておる！」（図1・3）

これを発見したピタゴラスの感動は尋常《じんじょう》ではなく、教団をあげて盛大に祝うことにしたそうです。

〝Simple Is Beautiful〟（シンプルこそ美しい）

シンプルで誰にでも分かる数式には、どこか訴えかけてくる感動や美しさがあります。

「三角形の内角の和は１８０度」

これなんて小学生のみんなも知っている事実。けれど、よく考えると不思議です。正三角形であろうが、どんなに不格好な三角形であろうが、分度器で確かめるとピッタリその通りになっています。

ピタゴラスの定理にしても、あんなにシンプルな数式で表せるような秩序が直角三角形に潜《ひそ》んでいるとは、もはや芸術の域ではないでしょうか。もしかしたら数学者は、このような美しい秩序を発見したくて研究に励むのかもしれません。

そして、協和音のシンプルな整数比も然《しか》り。

なにしろ、神の世界から来ていると信じられていた音楽に、かくも美しい秩序が発見されたのです。しかも、調和した響きになるほどシンプルな整数比になるなんて。

「やっぱり音楽は特別じゃ！　神の世界から来ているに違いない！」

あらためて、そう確信させる説得力があるではありませんか。

ピタゴラスが考えた宇宙の〝ハーモニー〟

ところで、日本の宮大工は、なんとクギや金物をまったく使わず、木材だけで神社を建てるそうです。原木《げんぼく》の性質や木目《もくめ》の流れなどを見極めながら木材を組み合わせ、台風や地震にも耐えるお社《やしろ》にするとか。

石造りが主であった古代ギリシャの大工も似たようなものだったようです。ひとつひとつの石材をピッタリと組み合わせ、接合させて、あの雄大なパルテノン神殿などを建造しました。

このように〝ピッタリ組み合わせて、ひとつの素晴らしいものを創る〟さまを、古代ギリシャ語で「**ハルモニア**（harmonia）」と呼ぶのですが、ピタゴラスはこの言葉を、すべてがバラバラに存在していても、宇宙全体としては美しく成り立っている原理（＝根本的な仕組み）を指すものとして使いました（図1・4）。

たとえば、太陽と惑星はそれぞれ遠く離れています。けれども全体として見ると、彼らはずっと同じ仕組みにしたがって動いており、美しさを感じさせるでしょう。これがハルモニアです。

図1・4　パルテノン神殿に見るハルモニア。さまざまな形をした石材がピッタリ組み合わさって美しく調和している。

すでにお気づきの通り、「きれいな合唱のハーモニー」のように、我々がいつも使っている「**ハーモニー**（harmony）」の語源にあたります。本来は音楽用語ではなく、ピタゴラスの意味で使うことが長いあいだ一般的でした。[*5] それでも、それぞれ違った音を出しながら、全体としては調和した調べとなるわけですから、ニュアンスは共通しています。

それはともかく、数学が魂を浄化してくれると信じていたピタゴラスは、このハルモニアを数学的にとらえていました。

分かりやすく言えば、宇宙で起こっている現象の根本的な仕組みは、すべて美しい数比や数式で表すことができるということ。さらに言えば、この宇宙を動かしている神の力や意思は、数学を使うことで〝見る〟ことが可能であるということです。

そのように考えていたところ、先ほどの発見がありました。やはり魂を浄化してくれると信じていた音楽にも、シンプルで美しい数比が隠されていたのです。すべてがピタゴラス自身の教義とあざやかに合致しているではありませんか。だからこそ、彼は尋常でないほどに感動し、教団をあげてのお祝いとなったわけです。

ピタゴラス（古代ギリシャ人）の思考回路

さて、このハルモニアの教えに「宇宙の音楽」が加わると、どうなるでしょう。当時の人々の例にもれず、ピタゴラスも「宇宙の音楽」（32ページ）を信じていました。[*6] 彼の場合、この宇宙を神によって発せられている音楽そのもの、言うなれば神の奏でるハーモニーとさえ見なしていたほどです。

ですから、彼は次のような信念をもつに至ります。

　わしら人間に聞こえる音楽でさえ、このように美しき数学の秩序があったということは、神にのみ聞こえる「宇宙の音楽」でも、それは当然あるはずじゃ。

宇宙で起こっておることをよく観察し、そこから美しき数学の秩序を見つけ出すことで、その存在を確かめることくらいは出来る。
わしらにとって、それが「宇宙の音楽」を〝聴く〟ことになるのじゃ。

重要なポイントに差しかかろうとしています。聞こえないはずの「宇宙の音楽」をどのように〝聴いた〟か——それで思考回路の特徴を知ることが、本書における当面の目標でした。端的に言うと、ピタゴラスの場合には、「宇宙の音楽」を**理性**で〝聴く〟という特徴があります。

図1・5　理性。探偵のように、ものごとを順序だてて論理的に考える能力。

理性（英語でreason《リーズン》）とは、ものごとを順序だてて、論理的に考える人間の性質のことです（よく名探偵や刑事がやっている「推理」、あれが英語ではreasoning《リーズニング》となることを思い出してください）（図1・5）。
ですから、その特徴とは、ものごとを順序だてて推理することで、「宇宙の音楽」が存在することを論理的に確かめようとすることを意味します。

要するに、理性を使って論理的に確かめることで「宇宙の音楽」を〝聴く〟——それがピタゴラスの思考回路なのです。

例の発見がまさしくそうなっています。

彼は名探偵よろしく、ハンマー音のわずかな違いにピンときて、推理（この例では、計算や実験）をくり返しながら、あのシンプルで美しい数比を論理的に導き出しました。

それによって、神が奏でておられる「宇宙の音楽」がたしかに存在するのだと、古代ギリシャの人々は十分な説得力を感じながら確かめることが出来たのです（現代人にとっては、「そんなもんかな？」程度のことかもしれませんが、当時の人にとってみれば、「見事に証明されている！」くらいの驚きと正当性があったことでしょう）。

西洋文明で生き続けるカリスマ

この思考回路は、ピタゴラスだけに限らず、古代ギリシャ人が全般的にもっていたもので、後世の西洋人にも引き継がれました。これからご紹介する人物たちも、すべて同じ思考回路で「宇宙の音楽」をとらえています。

「神の支配するハルモニアは美しい数比である」——のちのクリスチャンたちもこの教えを信じていましたから、その隠れた秩序をさがし出そうとしました。

それゆえ、キリスト教の時代になっても、ピタゴラスはカリスマ的人物であり続けます。理性を使った素晴らしいやり方で、神のはかり知れぬ力を論理的に確かめた人物、すなわち「宇宙の音楽」を〝聴いた〟最初の人物として、たいへんな尊敬を受けたのです。

ただし、このピタゴラスの数比の主張には、ちょっとした数学的な弱点があります。皆さんはお気づきでしょうか。

〝美しい数比〟とは、言うまでもなく協和音で出てきたような整数比を指します。つまり、分数で表現できる有理数でなくてはなりません。

しかしながら、たとえば$\sqrt{2}$のように、分数ではどうしても表現できず、したがって整数比にならない数もあるのです。無理数といいます。

皮肉にも、この無理数を発見したのは、ピタゴラスの弟子ヒッパソスでした。

「教祖さま、こんな数字が出てきました。これでは整数比になりません！」

ピタゴラスにとって、それは美しくシンプルな秩序ではないうえ、彼の教義を脅《おびや》かすものでした。公《おおやけ》になってしまうとカリスマの地位が危うくなるでしょう。

「こんなものが存在してはならぬ！　おぬしは異端者じゃ！」

無理数のことは教団内で極秘とされたうえ、あろうことか、ヒッパソスをスマキにして海に流してしまいました。[*7]

それはともかく、西洋における「宇宙の音楽」のユニークな〝聴き方〟は、このカリスマ教祖から始まったのです。

哲学者プラトン　～臨死体験から語る「宇宙の音楽」

つづいて、大哲学者**プラトン**（前４２７～前３４７）に注目しましょう。ピタゴラスが死んで１００年ほどの頃にアテネで活躍しました。第３節でもふれますが、その後の西洋ＯＳのあり方に決定的な影響をおよぼした人です（図１・６）。

そんなプラトンも、「宇宙の音楽」に想いを巡らしたひとり。

プラトンの代表作『**国家**』の最終巻に、「**エルの神話**」と呼ばれるエピソードがあります。

今風にいえば臨死体験にあたる奇妙な物語で、そこだけ見ると「これがどうしてスゴイ哲学書なの？」と困惑すること請《う》け合いです。

その内容とは、戦いで死んだものの遺体は腐らず、火葬される直前に息を吹き返した戦士エルが、死後の世界で見聞したことを語るというもの。その途中、この宇宙を外側から眺めた時のことを描写するシーンがあって、そこでプラトンが考えた「宇宙の音楽」が登場します。

図1・6　プラトン

エルが目にしたのは、コマのように回転している宇宙でした。回《まわ》しているのは、宿命を司《つかさど》る女神アナンケー。

〝コマ＝宇宙〟の中心には地球があって、その周りを8つの天体――月・太陽・水星・金星・火星・木星・土星・恒星――が回っています。つまり、**天動説**モデルの宇宙です。

そこでは次のような光景が広がっていました（図1・7、次ページ）。

> コマ「＝宇宙」はアナンケーの女神の膝《ひざ》のなかで回転している。その1つ1つの輪「＝天体」の上にはセイレーンが乗っていて、一緒になって巡り運ばれながら、1つの声、1つの高さの音を発していた。全部で8つのこれらの声は、互いに協和し合って、ひと

つの音階を構成している。

(『国家』617B　藤沢令夫《のりお》訳を一部改変・なお、「コマ」は原文では「紡錘《ぼうすい》」となっている)

セイレーンとは、この世のものとは思えぬほど美しい声をもった、上半身が人間の女性、下半身は鳥の姿をした怪物のこと。その危険なほどの美声から、警報音を意味する英語「siren《サイレン》」の語源になりました(後世では人魚とされ、スターバックスのロゴになっています)。

プラトンの「宇宙の音楽」は、ドレミの**音階**(〝ドレミファソラシド〟)の8つの音を、月から恒星までの8つの天体に1個ずつ振り分けた感じになっています(あくまでもイメージ)。8つの天体の音が集まって、壮大な〝宇宙の音階〟になっているのです。

言うまでもなく、エルが聴いたセイレーンの声、つまり〝宇宙の音階〟は、現世の人間には聞こえません。

図1・7　天体を動かすアナンケー。小さくて見にくいが、地球の周りを回る惑星の上ではセイレーンが歌っている(この絵では人魚として描かれている)。

では、どうやって〝聴く〟のか。

西洋人の一般教養となった「宇宙の音楽」

それは、「宇宙の音楽」が登場するもうひとつの著作、『ティマイオス』を読むとはっきりします。

こちらでは、セイレーンの代わりにデミウルゴスという制作の神[8]が、数比の法則からなる音階にもとづいて、音楽でもって宇宙を制作していくプロセスが詳細に述べられています（そのプロセスは、あまりにも難解なので省略しますが）。

プラトンもやはり、理性を使って論理的に確かめることで「宇宙の音楽」を〝聴く〟のです。

ドレミのような〝宇宙の音階〟についてはプラトンが新しく持ち込みました。[9]しかし、宇宙を音楽そのものと見なし、その基礎には数比の法則があると考えるのですから、誰による発見とアイディアから来ているかは、すぐに分かります。

西洋ＯＳを決定づけた大哲学者でさえピタゴラスの影から逃れられないとは、さすがカリ

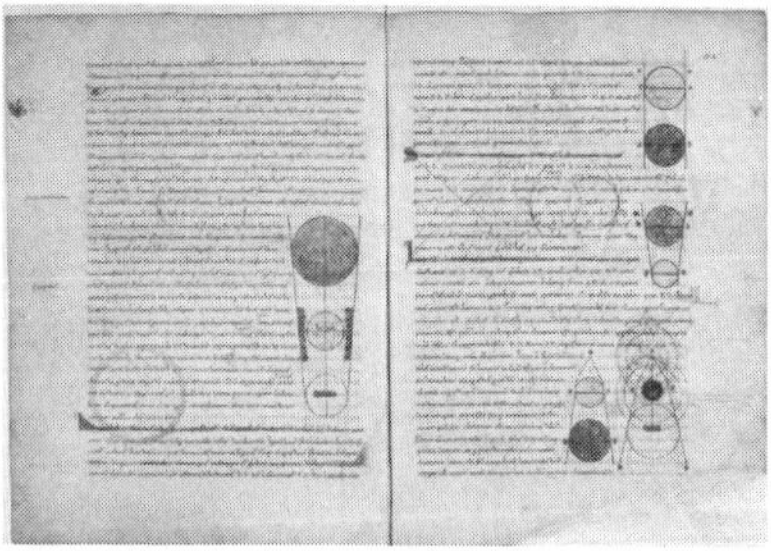

図1・8　中世の『ティマイオス』写本。月・地球・太陽などが幾何学、つまり数学の図形問題のように描かれている。

スマ教祖と言うべきか。

いずれにしても、『ティマイオス』は、ローマ帝国と中世ヨーロッパの公用語であった**ラテン語**へと翻訳された、数少ないプラトンの著作のひとつです。ですから、古代中世はもちろんのこと、近代になっても一般教養として広く読まれて、ピタゴラスに端を発する思考OSが西洋人の頭にダウンロードされました（図1・8）。

なんと31歳の若さでノーベル物理学賞を受賞した**ヴェルナー・ハイゼンベルク**（1901〜76）は、少年時代に『ティマイオス』を読んでいたそうです。そして、この宇宙の根源にあるものは数式なのか、それとも幾何学《きかがく》（図形や空間）なのか、屋根の上で思索《しさく》していたとか[*10]。

見えないもの聞こえないものを論理的に確かめようとする古代ギリシャ人の意志は、数千年をへだてた西洋人の思考OSの中にも、しかと宿っているのです。

「宇宙の音楽」、ローマ帝国へ

さて、時代はやや前後します。

ピタゴラスがイタリア南部にあったギリシャ人植民地で教祖をしていた頃、おなじイタリア半島のちょうど真ん中、テヴェレ川の河口付近では、初代の王ロムルスにちなんで「**ローマ**」と自称する人々がいました。

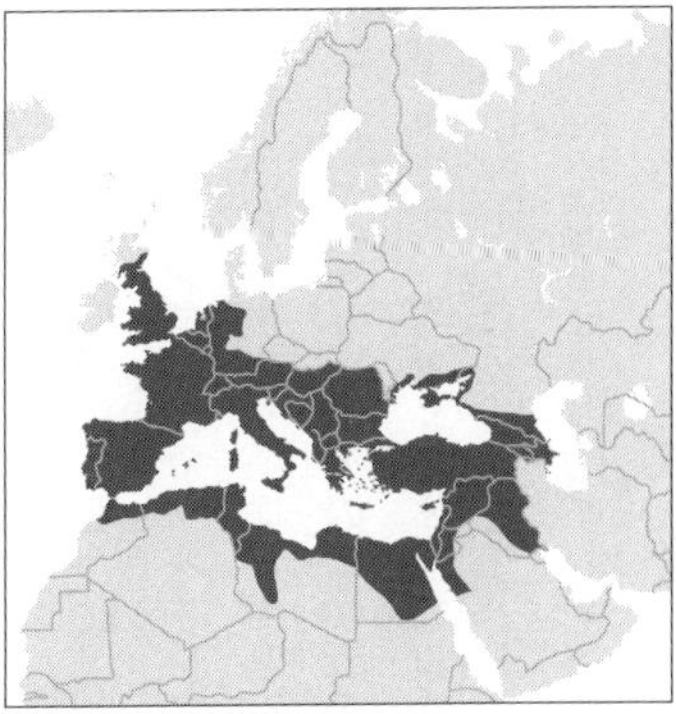

図1・9　ローマ帝国の最大領土（117年）。

彼らローマ人は戦《いくさ》に強い武辺者《ぶへんもの》で、紀元前3世紀にイタリア半島を統一。さらに地中海沿岸を次々と領土にしていったのです。そして、イエス・キリストが誕生する少し前、紀元前27年に**ローマ帝国**となります。

最盛期には、ヨーロッパの下半分・西アジア・北アフリカ、3つの大陸にまたがる広大な領土を治めました。まさに世界帝国です。無論ギリシャも征服しました。

しかしながら、もともと武辺者だったせいか、高く洗練された文化を築いていたギリシャに対してコンプレックスを抱いていたようです。ローマ人は憧れの地を属州として支配下においたのち、皇帝を筆頭にギリシャ文化に心酔しました。

ただし、ギリシャ人の哲学者を奴隷としてローマへ連行して、家庭教師をさせる例もあったようです。ギリシャ本土では文化の進歩が止まってしまいました。

ともあれ、「宇宙の音楽」をふくむギリシャの伝統は、ローマ帝国によって受け継がれます。最後に、その古代ローマ文明における「宇宙の音楽」について、ひとつ例をあげて、第1節を終えることに致しましょう。

古代の学問を集大成したプトレマイオス

「今日のうお座の運勢は？」

案外と（？）、私はこういうのが気になるタイプです。

2月末に生まれた私は〝うお座〟とされます。それはその時期に太陽がその星座にあるからで、西洋占星術の伝統に属するものです。ですから、ほかの伝統、たとえばインド占星術などでは、西洋とは別の星座になったりもします。

　さて、うお座に代表される（北半球の）西洋星座を正式に決めた人が、プトレマイオス（１００～１７０頃）です。１８００年前の２世紀に、ローマ帝国属州だったエジプトのアレクサンドリアで活躍しました（図１・10）。

　もちろん天文学者だったのですが、占星術や数学、音楽に地理学など、古代のあらゆる学問を集大成した人です。本書でも後にふれますが、当時は自分の専門分野という考え方はありませんでした。

図１・10　占星術と天文の女神ウラニアに導かれるプトレマイオス

　天文学におけるプトレマイオスは、星座を制定したことのほかに、『アルマゲスト』と呼ばれる著作によって知られています。天動説の教科書として、16世紀に地動説にとって代わられるまで、実に１３００年にわたって読まれた本です。

　今となっては、「天動説」というと古くさい迷信の代名詞のように見なされますが、決して侮《あなど》ってはなりません。

プトレマイオスのそれは、観測データをもとにしっかり計算され、天体の動きが推理されつくした、完成度の高い理論でした。

当時そう信じられていたように、惑星が円形を描きながら地球を回っていると仮定するかぎり、ほぼ破綻《はたん》なく天文現象を説明できるほどだったのです[*11]（実際は、楕円《だえん》形を描きます）。そうでなければ、論理的であることを重視する西洋人に、天動説が受け入れられるはずがなかったでしょう。

肉眼による観測と、自分の手による計算しか手段がなかった時代。なんて驚異的な理性をもった人だったのでしょうか。

理論によって洗練される「宇宙の音楽」

そんな天文学者の書いた音楽書『ハルモニア論』が、宇宙と関係ないわけがありません。古代の学問を集大成した彼らしく、ピタゴラスのハルモニアの教えを引き継いでいます。プラトンが考案した〝宇宙の音階〟も登場します。

やや違うのは、『アルマゲスト』でやったように、徹底的な理論化を試みていること。現実の観測データにもとづいた天体の動きを、音楽理論に丁寧に対応させていきます。

たとえば、太陽です。

太陽の通り道は**黄道**《こうどう》と呼ばれ、１年かけて１周します。黄道１周３６０度を、30度ずつ分けた領域に星座を割り振ったのが、おひつじ座からうお座の占星術でおなじみ、**黄道十二星座**です（図１・11）。

図１・11　中世に描かれた黄道十二星座

プトレマイオスによれば、太陽は「メセー」と名付けられた音高を保ったまま、黄道上のトノス（音階の一種）の変化に応じて、ひと月ごとにデュナミス（階名・音の機能）を変えます[*12]。

ありていに言えば、太陽がいつも発している〝音〟は、黄道十二星座のあいだを移動するたびに、その調子と機能を変えていくということ。

ここでは相当に単純化して説明していますが、実際はこの百倍くらい綿密な理論です。星座や年月といった観測データと結び付けられていることから、その綿密さの一端は感じとって頂けるのではないでしょうか。

うお座に来たら、太陽は一体どんな音を出すのか個人的に知りたいところです。けれども、数学や哲学までの幅広い知識が必要となるので、読むだけでも骨が折れます。

それだけ、「宇宙の音楽」の理論化が進み、磨きがかかったということでしょう。

ピタゴラスに始まった〝古代ギリシャ・ローマ版〟「宇宙の音楽」は、７００～８００年の歳月をかけて一定の完成形となったのです。

第２節　古代中世のクリスチャンが〝聴いた〟「宇宙の音楽」

西洋世界とキリスト教

「征服されたギリシャ人は猛《たけ》きローマを征服した」――ローマ帝国初期の詩人、ホラティウスの有名な言葉です。武辺者のローマ人が、高度に洗練されたギリシャ文化に圧倒されたことを揶揄しています。

しかし、ローマはもうひとつ、別のものにも征服されました。

キリスト教です。

もともとローマ帝国の宗教は、日本と同じように神がたくさんいる**多神教**でした。そのためか宗教に関しては比較的寛容で、ローマの神々のほか、その土地その土地の神々に祈ることを黙認しています。

ところが一方、キリスト教はただひとつの絶対的な神を信じる**一神教**。ほかの神々を認めない、当時としては異色の宗教でしたから、ローマの神々や皇帝の権威が傷つくのを恐れて、当初ローマ帝国はクリスチャンを何度も迫害しました。

しかしそんな迫害にも屈せず、キリスト教は地下で勢力を拡大していきます。それだけ、「神の子イエスのみを信じることで救われる」というメッセージが人々の心に響いたのでしょう（図1・12）。

そして遂には、392年に、広大な領土をもつローマ帝

図1・12　ローマ帝国時代の聖母子像

国の国教となりました。ここから西洋全体のキリスト教化が始まります。

ところが、その矢先に大事件が起こりました。

476年、創業の地ローマを含めた帝国の西半分が滅亡してしまったのです。幸運にも東半分の方は、コンスタンティノープル（現在のイスタンブール）を首都に、その後1000年ほどビザンツ帝国として存続しました。

キリスト教も、ここで大きく二つに分かれることになります。すなわち、西方はローマを総本山とする**カトリック教会**、東方はコンスタンティノープルを総本山とする**正教会**（ギリシャ正教[*13]）です。

第1部において舞台となっているのは、イタリアやフランスなど、おもに西ヨーロッパ。すなわち16世紀に、ルターらの宗教改革で**プロテスタント**が出現するまで、カトリックだった地域です。

よって本節では、キリスト教といえば基本的にカトリックを指しています。

クリスチャンが「宇宙の音楽」を〝聴いた〟理由

西洋史の区分では、西ローマ帝国が滅亡した４７６年をもって古代が終わり、それから１０００年ほど続いた中世へと入ります。

その中世ヨーロッパは、キリスト教の権威がそれは強かった時代です。

ひと昔まえの歴史教育では、キリスト教が強すぎて人間らしい創造性が殺された「暗黒時代」[*14]であると、中世ヨーロッパについて教えられていました。それが14世紀になってようやく、古代ギリシャ・ローマの生き生きとした文化が再興されはじめ（「**ルネサンス**」：仏語で「再生」の意）、輝かしい近代への道が開いたというわけです。

現在では、ここまで単純な歴史観は否定されているにせよ、キリスト教が当時の文化を左右したことは間違いありません。

というのは、中世の教育機関――「宇宙の音楽」など、古代からの伝統を学べる場所――は、もっぱら修道院だったからです。中世後期に登場する大学[*15]にしても、すべては神学に奉仕するという前提でカリキュラムが組まれていました。

それでも、ピタゴラスに始まる「宇宙の音楽」の伝統は途切れることなく、中世においても盛んに探求されています。前節でご紹介した3人はクリスチャンでもないのに、一体どうしてでしょうか。

理由は、キリスト教の教義にあります。

ミケランジェロの絵でも有名な、聖書の冒頭に記されている「**天地創造**」の神話をみてみましょう。次の一節から始まります。

初めに、神は天地を創造された。

（聖書『創世記』第1章第1節　新共同訳）

つまり、キリスト教では、全知全能の神が宇宙を創造するわけです。

とすると、その宇宙が、美しい秩序を秘めた壮大な音楽であることに違和感はありません。中世人が読んだプラトンの『ティマイオス』にしても、一部を解釈しなおせば、天地創造のストーリーを補完するものとして筋は通るのです。

くわえて、本書のテーマに関連する重要な理由が存在します。

宇宙・天体・自然・動物などを創《つく》ったあと、天地創造プロセスの締めくくりとして、神は

図1・13　ミケランジェロ『アダムの創造』。神が自分に似せて人間（アダム）を創造し、命を吹き込む瞬間。

あるものを創造しました。

神は御自分にかたどって人を創造された。
すなわち、神のかたちに創造し、男と女とに創造された。
（聖書『創世記』第1章第27節[*16]）

そうです。神は、いちばん最後に、しかも自分に似せて人間を創造したのです（図1・13）。

それが示唆するのは、人間だけは自然界で特別な存在であるということ。そしてポイントは、クリスチャンにとって、その最たる象徴が〝理性〟だということです。

犬がお手を覚えるように、インコや九官鳥が片言ながら人語を覚えるように、**知性**（知る能力）に関しては人間の専売特許ではありません。ところがものごとを順序だてて論理的に考えるなんて、そんな真似はどんな動物でも無理でしょう。

それは神が、姿だけでなく、**魂（精神）**をも自分に似せて創造したことに起因する、人間の特権なのです。

だからこそ、古代ギリシャからの伝統にそって、「宇宙の音楽」を理性で〝聴く〟ことは、クリスチャンとして正しき行いとなります。神から与えられし恵みをきちんと活用しつつ、その尊い御業《みわざ》を確かめるに等しいことなのですから。

ピタゴラスがこれを最初にやり遂げたがゆえに、異教徒でありながらカリスマ性を保ったことは、すでにお話ししました。

〝古代ギリシャ・ローマ版〟「宇宙の音楽」の伝統は、キリスト教との親和性が非常に高いものだったわけです。

ボエティウスの奇妙な音楽観

このような背景から、中世人も「宇宙の音楽」の探求に精を出すことになります。

哲学者**ボエティウス**（524年没）が書いた『**音楽教程**』を見てみましょう。中世ヨーロッパにおいて、音楽家はみな学ぶべきとされた教科書です（図1・14）。

それによると、音楽には次の３種類があるとされています。[*17]

①　宇宙の音楽 musica《ムシカ》 mundana《ムンダーナ》（英訳 universal《ユニヴァーサル》 music《ミュージック》）

②　人間の音楽 musica《ムシカ》 humana《フマーナ》（英訳 human《ヒューマン》 music《ミュージック》）

③　道具の音楽 musica《ムシカ》 instrumentalis《インストゥルメンタリス》（英訳 instrumental《インストゥルメンタル》 music《ミュージック》）

原文のラテン語表記で呼べば、①の「宇宙の音楽《ムシカ・ムンダーナ》」は、もう皆さんご存じです。ただし中世においては、それを統《す》べるのは**唯一神ヤハウェ**（聖書に登場する神の名前）であることに注意しましょう。

図1・14　ピタゴラスのように弦の音を調べるボエティウス

②の「人間の音楽《ムシカ・フマーナ》」は、人間の肉体と魂を結び付けている音楽のことです。この音の数比が複雑になって、シンプルな美しさから離れるほど、精神も不安定になるとされます。

言うまでもなく、これら①と②は聞こえない音楽で、理性で〝聴く〟ものです。

それに対して、③の「道具の音楽《ムシカ・インストゥルメンタリス》」のみが聞こえる音楽、つまりは今の私たちが想像する、声や楽器による音楽にあたります。

私たちが小学校から音楽の授業を受けるように、中世の修道院や大学でも音楽が必修とされました。カトリックのミサでは歌唱を伴いますから、音楽が苦手だと聖職者になることが難しかったからです。

しかしながら、中世における音楽の授業は、私たちにとっては理解しがたい、奇妙なものでした。

最重要、かつ優先して教えられたのは、①と②の聞こえない音楽。③の聞こえる音楽は、よりによって最下位とされたのです。

それどころではありません。

私のように演奏に従事する人々は、いくら才能があろうとも、当時は「音楽家」と見なされず、聞こえる音だけを扱える「職人」として蔑《さげす》まれていました。

理由はシンプル。中世人にとって〝本当に完全なる音楽〟とは、神ヤハウェが演奏する「宇宙の音楽《ムシカ・ムンダーナ》」であって、人間が演奏する「道具の音楽《ムシカ・インストゥルメンタリス》」など、その〝マガイモノ〟に過ぎないからです。

別の言葉でいえば、聞こえない音楽を理性で〝聴ける〟者こそ、「真の音楽家」であり、かつ「教養人」。一方、理性を使わない音楽など、下々《しもじも》の者がやるものだ、というわけです。

社会的地位の低かった〝音を出す〟音楽家

この価値観は、近代にいたるまでヨーロッパ人の中にあったようです。[*18]

18世紀の作曲家**モーツァルト**（1756〜91）でさえ、職人または使用人として扱われ、今では信じられないことに、尊敬される教養人とは見なされなかったのです。20世紀の初めでさえも、ヨーロッパの高級ホテルでは、音楽家や俳優など劇場関係者の宿泊を〝お断り〟していたといいます。[*19]

もっとも、音楽にかぎらず、芸能に従事する者の地位が全般的に低かったのは世界共通で、中世日本でも「河原乞食《かわらこじき》」と呼ばれる差別される側の身分に属しました。

室町時代の**世阿弥《ぜあみ》**（1443没）を例にすれば、彼は才能だけで生きていけたのではなく、将軍・足利義満の男色《なんしょく》相手として寵愛《ちょうあい》されることで教養を深め、『**風姿花伝《ふうしかでん》**』を著して、能を大成することが出来たのです。

それでも差別は根強くあって、「乞食を同じ桟敷《さじき》に座らせるな！」という貴族の批判が記録に残っています[*20]。

日本が世界に誇《ほこ》る大天才でもこの有り様です。私が当時生まれていれば、川のほとりにムシロ敷き、涙ぐみつつ客を待つ、という人生だったかもしれません。

そう思うと、今では指揮者というだけで「格好いい！」「（人気漫画『のだめカンタービレ』指揮者役の）千秋センパ〜イ」とチヤホヤして頂けるのですから、なんて幸せな時代なのでしょうか。

なお、身分の低い「職人」からカッコイイ千秋先輩、ならぬ「芸術家」へと音楽家像を転換させた救世主については、のちの章でふれることになります。

第3節　西洋の思考回路　～その基本

西洋の基本ＯＳ①「理性中心主義」

それでは、第1節と第2節でみた「宇宙の音楽」の〝聴き方〟をふまえて、近代になってアップデートされる前の、西洋人の基本ＯＳについて考察して参りましょう。

まず、ピタゴラスからボエティウスまで、すべてに共通している思考回路は何でしょうか。

すでにお気付きの方もいらっしゃるかもしれません。それは何といっても「理性が一番！」という考え方です。ある疑問の答えを求めようとするうえで、ものごとを順序だてて、論理的に考えることを最優先しています[*21]。

すなわち、「理性中心主義」であるということです。

しかも、キリスト教の時代になると、それが神の御心にかなった正しい行いとして、信仰と結びつきました（この事実は心に留めておいて下さい。次章でみる近代でのＯＳアップデートにおいて、重要な役割を果たすことになります）。

くわえて、西洋で特徴的なのは、言葉（論理）と数学によって裏づけされた理性中心主義だということです[*22]。

音に隠されている数比を探し出すピタゴラス、数比にもとづいて〝宇宙の音階〟を創造するプラトン、黄道を等しい角度で分けて音楽を〝聴く〟プトレマイオス……。

これらは、私の説明ではかなり単純化されていますが、実際のところは本格的な数学者のレベルで論が展開されています。

一方、東洋ではどうでしょうか。

図1・15　如拙『瓢鮎（ひょうねん）図』（部分）。禅問答の絵画。「ヌメヌメしたナマズを、すべりやすいヒョウタンで押さえて捕まえる」。この矛盾をあなたは解決できるだろうか。理性では不可能。

誤解のないように強調しておくと、東洋の伝統でも、理性は大事にされています。人間であるかぎり、思考するときには多かれ少なかれ理性を使うものだからです。

文明をリードするような知識人ならなおさらで、西洋以外の文明においても理性中心主義で思考する人物は発見できます。

しかしながら、東洋の伝統では、真理を求

める（＝東洋風には、悟りをひらく）うえで、西洋人のように理性を徹底的に使うことは主流ではありません。それが〃中心〃ではないのです[*23]（図1・15）。

のちに第5章で登場する**タオイズム**（老荘思想）、そして禅において典型的なように、「言葉による思考など、頼り過ぎると悟りを妨《さまた》げる」とする傾向さえ、特に東アジアにみられます。ましてや、そこに数学が入ることは珍しかったはずです。

西洋の基本OS②「現象」と「本質」の区別

次に、西洋人の理性中心主義を支えたのが、「現象」と「本質」をはっきりと区別する思考回路です。

「現象」とは、人間の感覚（五感）でとらえられる、経験的な世界のこと。たとえば作図された直角三角形は、目でとらえられ、見た経験となりますから、現象のひとつです。

それに対して「本質」とは、**現象の背後**（感覚や経験を超えたところ）にあって、時間や条件が変わっても、ずっと同じであり続けるものを指します。[*24]

そのような例は、直角三角形の本質である「ピタゴラスの定理」です。発見するか教えら

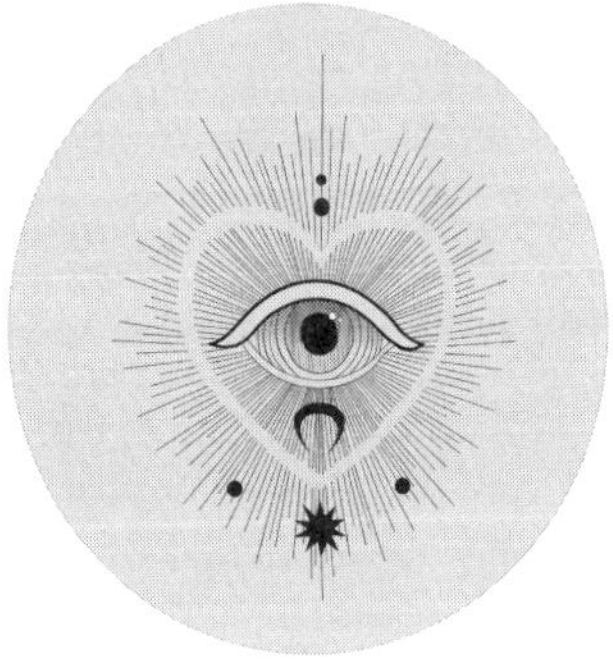

図1・16　宇宙を心の目（＝理性）で見つめる

れない限り、ふだん日常で経験できる世界からは隠れており、しかもどんな条件下でも絶対に成り立ちます。現象としての直角三角形を見たとしても、定理そのものを経験することは不可能です。しかし、〃心の目〃（＝理性）で、この現象の背後に隠された、永遠に変わらない数の定理（＝本質）を〃見る〃（＝発見する・教えられる）ことは出来ます（図1・16）。

ポイントは、この永久不変の本質こそ、神の偉大なる力を証明するものだと昔の西洋人たちは信じて、それを探求しようとしたこと。ゆえに、「現象」と「本質」を区別して考える習慣は、信仰と結びついた理性中心主義をしっかりと支えたのです。

そして「宇宙の音楽」も、〃心の耳〃で〃聴かれた〃のでした。

天地創造のときから宇宙は永久不変であるとされていた時代。それが奏でている音楽とは、まぎれもなく音楽の本質であり、神が奏でる音楽そのものです。

クリスチャンであったボエティウスが「宇宙の音楽《ムシカ・ムンダーナ》」を最上位とし、音楽の授業ではこちらが優先された理由を、あらためて理解して頂けるのではないでしょうか。

プラトンのイデア論とキリスト教

現象と本質の区別については、プラトンの唱えた**イデア論**が大きな影響を与えています。現象の背後にある永久に変わらない本質を「**イデア**」と名付け、現象よりも重視したからです。

イデアは、「idein《イディーン》（見る）」というギリシャ語に由来していますが、肉眼ではなく〝心の目（理性）で見るもの〟というニュアンスがあります。先ほどの直角三角形でご説明した通りです。

この大哲学者は、イデアこそが真実の世界であって、心の目でそれを探求すべきであると説きました。言いかえれば、われわれの現実世界は偽物に過ぎないということです。

この思考回路がキリスト教の時代になると、さらに強化されました。

キリスト教では宇宙でも直角三角形でも、何であれ唯一神ヤハウェの創造物です。ならば、それらの本質だって神がひとりで創っているわけですから、神は〝本質の本質〟、いわば究極のイデアと考えることができます。

ところで、多神教の神々は、ゼウス神（古代ギリシャ）やクリシュナ神（インド）のように多くの女性に手を出したり、スサノオのように妻を守る決意を日本初の和歌に託したりと、寿命や特殊能力を除けば人間そのものです。我々とおなじ現象世界を生きていると表現しても過言ではないでしょう。

しかしキリスト教では、そのようなことは絶対に考えられません。浮気はもちろん、妻を想って歌を詠むといった人間的なことはしないでしょう。それはなぜか。

全知全能として全責任をひとりで背負うから唯一神なのであって、すべての面で完璧であるにとどまらず、この宇宙を背後から支配せねばなりません。つまり、キリスト教の神ヤハウェとは、現象の世界をはるかに超えた存在でなければならないのです。究極の本質、究極のイデアたる神ヤハウェは、人間と同じ現象世界を生きていません。

したがって、神ヤハウェは人間的な存在ではありえないわけです。

キリスト教における神は、人間とは絶望的なまでの断絶がある、まったく別次元の存在になります。神ヤハウェは自分に似せて人間を創造したとはいえ（67ページ）、あくまでも〝似せた〟だけ。私たちが人形を作って可愛がったとしても、人形と人間が同じであるとは思えないでしょう。

こうして、プラトンに始まった「現象」と「本質」をはっきり区別する思考回路は、キリスト教化された西洋に根付いたのでした。これも東洋では馴染みのない考え方です。

現象と本質の境界をはっきりさせない東洋

このように申し上げると、

「日本だって、見えるものと見えないものに区別するじゃないか」

「目に見えない本質が大事なのは世界共通だろう」

との反論が上がるかもしれません。

しかしながら、われわれ日本人が古くから依拠している思考回路は、果たしてどうでしょうか。

まず、ひとつ目の、見えるものと見えないものの区別。

もちろん、これは日本にもありました。ただ問題になるのは、どう区別されてきたのか、です。西洋の「現象と本質」にあたるような明確な区別でしょうか。

図1・17 『ヒラー山のムハンマド』（16世紀）。イスラム教の開祖・ムハンマド（モハメッド）。教祖といえども、神のかわりに拝まれないようにするため顔は描かれていない。

たとえば、序章でもふれた言霊《ことだま》信仰。または、神社の御神体とされる木や刀を思い出して下さい。そこでは、言葉・木・刀といった現象そのものが、神と同一視されています。

一方のキリスト教では、いくら立派なキリスト像を作ろうとも、モノ自体には決して神性を認めることはありません。キリスト教と兄弟のような関係にあたる**ユダヤ教**や**イスラム教**にいたっては、神像を拝むことすら禁じられているほどです（「偶像崇拝《ぐうぞうすうはい》の禁止」）。

つまり、日本の伝統的思考では、その区別はあまり明確でないことが分かります。というより、「現象と本質」という反対語ペアそのものが、明治時代に西洋哲学を翻訳するときに造語したものであって、それを宗教も文化も違う東洋にあてはめることに無理があるかもしれません。なにしろ、それにピッタリ対応する考え方が、もともと東洋には無いのですから。[*25]

では、ふたつ目の反論、目に見えない本質を大事にすることはどうでしょう。

西洋のような明白な区別をつけず、「本質」をたんに「神のようにずっと変わらないもの」と解釈すれば、たしかに我が国でも変わりません。

ですが、その「本質」に求めているものは違います。

日本人は伝統的に、そこに論理的な法則性など期待していません。理屈を抜きにして本質と一体化した、カンや間合いを重視してきたのが日本人ではないでしょうか。修練を積んだ達人のみに許される「奥義《おうぎ》」「秘伝」などの言葉が、そのことを端的に示しています。

プトレマイオスのように、観測データから数学的な法則性を探し出し、そこから聞こえない音楽を体系化するというのは、似たような試みをした人が明治より前にも存在したかもしれませんが[26]、まるで日本的ではありません。

江戸時代に**本間宗久《そうきゅう》**（１７２４〜１８０３）という人がいました。米相場を分析するためにローソク足チャートを考案したとされる人物です。

これが史実なら[27]、値動きの変化を図形で表して、視覚で分かりやすく追えるようにすることで、その現象の背後にある規則性を見つけようとしているわけで、宗久は本質を探っているように見えます。

しかしながら、そこに陰陽《おんみょう》思想はあるものの、数学法則や言葉で説明しつくせる理論があるという視点には乏しいのです。

現象をうまく視覚化した発想は素晴らしいですが、そこからの宗久の分析法はといえば、有名な「明けの明星」（買い時のシグナル）などで、これは理性的な法則というより、達人の神がかったカンを言葉にした経験則（そして人生訓）にあたります。

理屈を並べるより、こちらの方が私たち日本人の心には響くのですが……。ちなみに、それが西洋の達人なら、やはりプトレマイオスのような思考回路になります。〝投資の神様〟**ウォーレン・バフェット**（1930〜）がそうです。彼は、幼い頃から数学の才にとても恵まれていて、計算による競馬の予想紙を作っていたという少年時代のエピソードがあります。彼の右腕、アジット・ジェインにしても確率計算の天才で、バークシャー・ハサウェイの保険部門における大成功を演出しました。[*28]

以上から、見えるものと見えないもの、現象と本質をどう解釈するかの伝統的な違いは、皆さんにも理解して頂けるのではないでしょうか。

西洋の基本ＯＳ③　理性による「区別知」

最後にあとひとつ、西洋の大切な基本ＯＳを指摘します。

西洋哲学に興味がある方は意外といらっしゃいますが、大半の方は入門の時点で挫折してしまいがちです。皆さんの中にも身に覚えのある方がいらっしゃるのではないでしょうか。

その主な原因は、何といっても用語の難しさ、そして多様さにあるのでしょう。

本章に登場した哲学者では、著作のないピタゴラスは別として、プラトンなら『国家』くらいまではかろうじて読めても、『ティマイオス』になると予備知識なしに読めません。

弟子のアリストテレスになってくると専門用語のオンパレードになってきます。現象の背後、目に見えない存在についての表現ひとつとっても、

「本質・形相《けいそう》・実体《じったい》・理念《りねん》・観念《かんねん》・基体《きたい》・属性《ぞくせい》・形而上学《けいじじょうがく》……」

と、キリがないほどです。

一体なぜ、ここまでの用語が必要だったのでしょうか。

これを考えるポイントは、〝名〟にあります。

（古代よりも前の）先史時代において、言葉は未発達でした。人類の言語活動は、生命や生

活にかかわるコミュニケーションから始まったと思われます。それから、「木」「家」「星」のように、身近なものを〃名付ける〃ことで徐々に発達していったはずです。

かくして、ある地域で使われる語彙《ごい》がどんどん増えていくと、「〇〇語」が成立するでしょう。〃名〃によって言語が進化していくわけです。ですから、古代中国において言葉について研究した学派は、「名家《めいか》」と呼ばれました。

アリストテレスは、下らない衒学《げんがく》趣味から用語をたくさん登場させたのではありません。それぞれの用語が抱える定義が、大なり小なり違うからこそ使い分けられています。言うまでもなく、彼は理性的に頭をフル回転させています。目に見えない世界について、順序だてて、論理的に考えているわけです。

しかし、その作業を徹底するほど、「あの場合はあれ、この場合はこれ」といったふうに、それぞれの段階を〃名〃によって区別する必要が出てきます。結果、先ほど並べたような専門用語が山ほど出来て、ゲンナリさせられるというわけです。

要するに、西洋人は理性を重んじることで、言葉によ

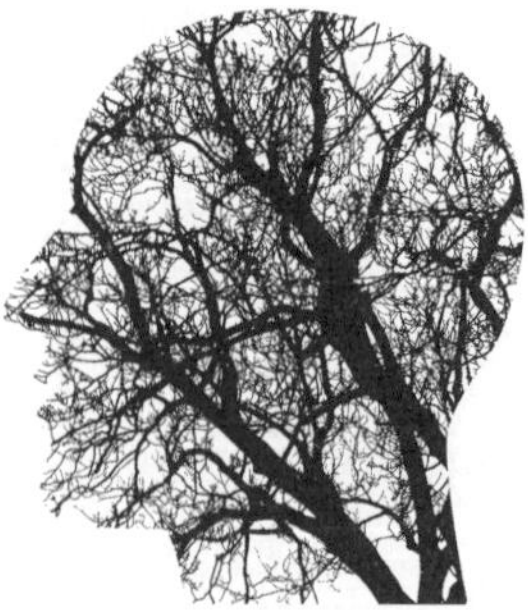

図1・18　知識の幹がどんどん枝や葉に分かれていく。

る区別によった知識の体系——本書では「**区別知**」と呼びます——へ進んだのです（図1・18）。

くわえて、言葉を使って作業するのですから、議論を進めるうえでのルールを統一せねばなりません。

したがって、区別知の体系においては、**論理学**が土台として整備されることになるのです。こちらもアリストテレスによって古典論理学として完成され、2000年にわたって西洋人の思考を支えることになります。

言葉に対する考え方にみる東洋と西洋の違い

それはともかく、西洋人（古代ギリシャ人）が凄いのは、今から2400年も前の時点で、経験を超えた世界のことまで、かくも細かく区別して〝名付けている〟ことです。ここまでの区別知は、同時期のほかの文明ではあまり見ることができません。[*29]

中国の名家の場合、ギリシャに比肩するレベルの論理学を構築できず、人をあざむく議論ばかりする「詭弁《きべん》の学派」だと後世から悪口をたたかれました。

タオイズムなら、〝名〟の世界に執着しないことが救いの道とされますし、禅《ぜん》も同様です。

江戸時代までの思考ＯＳに採用されていた**儒教**《じゅきょう》の祖、**孔子**にいたっては「子《し》、怪力乱神《かいりよくらんしん》を語らず」[*30]。つまりは、経験を超えた世界をなんとか説明しようとする意欲さえありません。

やはり日本を含めた東アジア文化圏では、学ぶこと（知性）は重視されても、いき過ぎた論理好きは嫌われる傾向があるようです[*31]。

先ほど並べたアリストテレスの哲学用語にしても、われわれ日本人が明治になって、漢籍やお経に出てくるソレっぽい漢字を組み合わせたり借りたりして、なんとか翻訳したものばかりです。それまで存在すらしなかった発想も多いので、ムリヤリ創りあげたという言い方が正しいのかもしれません。

その点で、西洋人に対抗できるとしたらインド人なのでしょう。

5世紀ごろまでに、インド六派《ろっぱ》哲学と呼ばれる6つの学派が登場し、現象の背後についての用語が精緻《せいち》に体系化されるようになりました。論理学にしても、六派のひとつであるニヤーヤ学派によって整備されます[*32]。

しかしながら、西洋とインドでは、最終的に目指すところがまったく違うのです。

インド哲学における理性は、**神との一体化（＝悟り）**を目指すための、あくまでも補助手段に過ぎません。とどのつまり、悟りの局面にくると、言葉では到底あらわせない神の境地に入るので、理性知も区別知も放棄されてしまいます（第5章参照）。

それに対して西洋では、神との一体化などとんでもない。神とは人間がひれ伏すべき絶対的な存在なのですから。

授かった理性で神についての知識をかさね続けることが、クリスチャンとしてのあるべき道、救われる道だったのです。

エピローグ

本章の締めくくりとして、冒頭のエピグラフ（39ページ）――新約聖書より、『ヨハネによる福音書』のはじまりを読んでみましょう。

「言（ことば）」と訳されている部分は、聖書の原文では「**ロゴス**（Logos）」となっています。

ロゴスは、もともと「集める」という意味のギリシャ語でした（〝たくさん集められたもの〟が「カタロゴス」、つまり「カタログ」）。

このことから転じて、「数える」「説明する」の意味が生まれ、そこから「数比」「理性で考える力」、さらには「言葉」「論理」「真理の光」という意味まで追加されるようになった多義的な語です。そして、英語のlogic《ロジック》（論理）の語源となっています。

キリスト教においては、「真理の光」は神にほかなりません。ですから一般的な解釈では、「言（ことば）」は神ヤハウェと一体であるイエス・キリストを指すものとして、特別な意味を持たされています。[*33] 同じ「ことば」でも、通俗的な「言葉」を使わずに、わざわざ「言」と格調高く一文字で訳されている理由です。

ピタゴラスが数比を発見して以来、論理的に確かめながら理性で〝聴いた〟「宇宙の音楽」。

クリスチャンが、神の偉大なる力そのものとして〝聴いた〟「宇宙の音楽」。

その「宇宙の音楽」の〝聴き方〟がすべて、「ロゴス」の一語に集約されているではありませんか。

そのロゴスが、「神と共にあり、神であった」――本章、および西洋の基本ＯＳの特徴を、このうえなく見事に象徴しています。

〈本章エピグラフの出典〉

『口語訳聖書』『新共同訳聖書』（共に日本聖書協会発行）より。訳文は両者変わらない。

Column 1

まるでパズル！～中世の音楽にほとばしる理性中心主義
ギヨーム・ド・マショー作曲『我が終わりは我が始めなり』

ヨーロッパ人の特異なまでの理性中心主義は音楽作品からも窺《うかが》えます。中世末期の大作曲家マショー（1377没）による『我が終わりは我が始めなり（仏語原題：Ma《マ》 fin《ファ》 est《エ》 mon《モ》 commencement《コマスマ》』を見てみましょう。第2節でふれた世阿弥が生まれる少しまえ、14世紀中ごろに書かれた作品です。

この曲、シンプルな合唱曲ながら、その内容たるや尋常《じんじょう》ではありません。次のように複雑きわまりない作曲テクニックが駆使されているのです（92～93ページに掲載した、この曲の楽譜も参照しながら次をお読みください）。

①この曲は低音・中音・高音の3つのパートからなり、演奏には最低3人の歌

手が必要（楽譜では、低音が3段目のTenor《テノール》、中音が2段目のCantus《カントゥス》、そして高音が1段目のTriplum《トリプルム》にあたります）。

②低音パートは曲の中間、すなわち楽譜左側ページの最後まで行ったら、そのまま歌ってきた音符を逆向き（つまり曲の冒頭に向かって）に歌う。

③中音と高音パートは中間まで行ったら、もう片方の声部が歌ってきた音符を逆向きに歌う（中音パートの場合なら、後半は高音パートが歌ってきた音符を冒頭に向かって逆向きに歌うということ）。

要するに、曲の真ん中に鏡を置いたような構造をしているのです。まるで音のパズルですね。しかも、こんな芸当をやりながら、3つのパートを同時に演奏すると1つの曲になっています。なんという理性の働きでしょうか！

ボエティウスの分類に従えば、これは聞こえる音楽ですから「道具の音楽《ムシカ・インストゥルメンタリス》」にあたり、最も下級とされたものです。

しかしそうは言っても、ここまでくると〝聴く〟というよりは、作曲家が隠した秩序を〝理性で確かめる〟という表現がよく似合います。いくら音楽の天才でも、

左ページの最後、縦の二重線のところが曲の中間。そこに鏡を置いたように音符が並んでいる（低音パートが分かりやすい）。

図C・1　マショー『我が終わりは我が始めなり』（現代の記譜法による楽譜）。
楽譜提供：中世音楽のまうかめ堂 (http://maucamedus.net/index.html)

何の説明もなく演奏を聴いただけで、この秘密に気付くことはまずないでしょう。

この背景に、ピタゴラスに始まる「宇宙の音楽」の伝統があることは明白です。マショーは、「宇宙の音楽《ムシカ・ムンダーナ》」を「道具の音楽《ムシカ・インストゥルメンタリス》」で模倣しようとしたのでしょう。

また、少なくともこの時代、これほどのレベルで理性を使って作曲した音楽は、ヨーロッパ以外のどこにも存在していません。ヨーロッパ人が大事にしてきたこの思考回路が、世界的にみると当時いかに特異であったか分かります。

＊コラムで取り上げた曲は、私のユーチューブ・チャンネルにある再生リスト（「光文社新書『「宇宙の音楽」を聴く』」）でお聴きになれます。

第2章　思考するは我にあり

この小さき髑髏《どくろ》はかつて偉大なるカルテシウスの一部だった
残りの遺骨は遠くフランスの地に隠されている
けれども彼の天才はすべての地上で讃《たた》えられていて
天上にあってなおも彼の魂は喜んでいる

作者不詳の4行詩

プロローグ

すでに何度か強調したように、古代ギリシャ・ローマ文明とキリスト教のもとで形成された西洋人の**基本OS**は、近代に入ってから革命的なアップデートがなされました。その**近代西洋OS**が、明治維新をへて現在の日本人にまでつながっています。

前章では、基本ＯＳの方を「宇宙の音楽」をヒントに解読し、その特徴を３つ――「理性中心主義」「現象と本質の区別」「理性による区別知」――に整理しました。

ですから本章では、その３つがどのような進化を遂げて、今の近代西洋ＯＳとなったのか明らかにせねばなりません。引きつづき「宇宙の音楽」に注目しつつ、理性中心主義から順に見ていくことに致します。

本章を読み終えると、私たち日本人の思考パターンが、いかに近代西洋ＯＳに影響されているのかを自覚することになるはずです。

それでは、ＯＳアップデートの舞台へと参りましょう。

目指すは、16世紀初めから17世紀終わりにかけてのヨーロッパ。日本では戦国時代から江戸時代の前期にあたる頃です。

第1節　自意識から出発するようになった西洋人の思考

中世ヨーロッパの〝正誤判定アプリ〟

理性中心主義から生まれた産物のひとつに、中世の「スコラ学」があります。

中世ヨーロッパ人が学問をするとき――つまり、正しい知識を求めて思考するとき――に従った規則のことです。「学」というと何かの思想のように勘違いするかもしれませんが、あくまでも学問をするうえでの決まりごとを指します。[*1]

きわめて大まかに言えば、ある事柄について正しい知識を得ようとするとき、まずはキリスト教（カトリック神学）と古代ギリシャ・ローマにおいて権威とされる著作や主張にあたります。そのうえで、とにかく理詰めで考えたすえに矛盾しないものを〝正しい〟と判断する決まりになっていました。

つまり、すべて論理に頼っているわけで、それゆえに理性中心主義の産物なのです。たとえるなら、理性中心主義ＯＳの上で稼働する〝正誤判定アプリ〟のようなものと言えます。

当時、正統とされた学問の方法ではあったものの、スコラ学には大きな欠陥がありました。ある問題について権威者のなかで見解が分かれていたら、ひとつの正しい答えにならず、こまかい議論が延々と続いてしまうのです。

スコラ学の問題点① プラトンとアリストテレスで違ったら？

たとえば、われらが「宇宙の音楽」の場合。

前章でご紹介した、ピタゴラス、プラトン、プトレマイオス、そしてボエティウス。彼らは全員、スコラ学においても権威とされています。ですから、中世の一般的な傾向としては、「宇宙の音楽」はあくまで実在するものとして考えられていました。

ところが、プラトンの43歳年下の弟子にして、スコラ学でも権威とされた大哲学者**アリストテレス**（前384～前322）は、「宇宙の音楽」について存在をはっきり否定しています。

「宇宙の音楽」説が成立することなど、まったく不可能である。何の音も聞こえないというのは奇妙であるし、何の衝撃も生じないというのもまた奇妙だからだ。

図2・1A　ラファエロ『アテネの学堂』。時代や地域が違うが、古代ギリシャ・ローマの哲学者が勢ぞろいした想像図。本書に登場した順に、①ピタゴラス、②プラトン、③プトレマイオス、④ボエティウス、⑤アリストテレス（ただし②と⑤以外は別の説もある）。

過度に大きい音、たとえば雷鳴なら、石のように強固な物体でもバラバラにするほどの衝撃がある。

もしも、太陽や惑星ほど巨大なものが運動することで音が生じるならば、その何倍もの大きさの音が地球に届かねばおかしく、その衝撃の強さにしても途方もないはずだ。

（『天体論』第2巻第9章290b30〜291a9を要約）[*2]

アリストテレスは、西洋の思考回路を体現する代表的な人です。ただし、師匠のプラトンが、イデア論（77ページ）でこの現実世界を偽物として軽視したのに対して、弟子のアリストテレスは、どちらかといえば現実や経験を重視しました。

ルネサンス絵画の巨匠ラファエロが描いた『アテ

図2・1B　プラトンとアリストテレスの部分。ちなみに、プラトンが持っている本は『ティマイオス』（55ページ）である。その影響力がうかがいしれよう。

ネの学堂』をご覧ください（図２・１Ａ）。

古代ギリシャの有名哲学者が総出演していますが、ひときわ目立つ中央には、老人の姿で指を天に向けたプラトンと、青年の姿で手のひらを地に向けたアリストテレスがペアで描かれています（図２・１Ｂ）。「**理想主義**的な師匠と**現実主義**的な弟子」を象徴しているのです。

いま引いた「宇宙の音楽」への否定的な見解にしても、そんなアリストテレスの姿勢がよくあらわれています。

しかし困ったことに、「宇宙の音楽」が本当に存在するのかどうか、もはやスコラ学の正誤判定アプリでは判断しにくくなりました。等しく権威とされていた学者の中でも、プラトンらはＹＥＳ、アリストテレスはＮＯと言っているのですから。

この矛盾を理屈でなんとか解決すべく、「ああでもない、こうでもない」とスコラ学者たちは論争するのですが、決着がつかないことは自明です。

スコラ学の問題点②　絶対的に正しい聖書

もうひとつ、問題点の例をあげましょう。

中世ヨーロッパでは、プトレマイオスが『アルマゲスト』で完成させた**天動説**（59ページ）が広く普及し、カトリック教会によっても正統とされていました。

これに対して、「地球は太陽の周りを回っている（**地動説**）」と**ニコラウス・コペルニクス**（１４７３～１５４３）が主張したことは、皆さんもご存じでしょう。はじめて彼が地動説を公《おおやけ》にしたのは１５１０年のことです（図２・２）。

スコラ学では、地動説は間違っていると判断されていました。プトレマイオスはもちろん、プラトンやアリストテレスにしても、これに関しては一致してＮＯでしたから。[*3]

しかし、決定的だったのは、最大の権威書である聖書に、次のような一節があることです。[*4]

ヨシュアはイスラエルの人々の見ている前で主をたたえて

図２・２　コペルニクス

言った。

「日よ　とどまれ　ギブオンの上に
月よ　とどまれ　アヤロンの谷に」
日は　とどまり
月は　動きをやめた

（旧約聖書『ヨシュア記』第10章12〜13節　新共同訳）

ヨシュアは、『十戒』で有名なモーセの後継者で、古代ユダヤ人の指導者です。ここでは、神と心を通わせることのできた聖人だと考えてください。

ポイントは、聖人である彼が、地上から太陽と月に向かって「止まれ」と命じたところ、本当に止まったことにあります。これを事実と考えるかぎり、地球が宇宙の中心として不動の状態にある方が、論理的に矛盾しません（望遠鏡や探査機がない時代には、観測上でも現実そのように見えたことですし）。

教皇のような高位聖職者でもなければ、古代ギリシャ・ローマの大学者でもないコペルニクスがいくら異を唱えても、スコラ学では〝答え〟はくつがえりません。聖書に記された神や聖人は、絶対的に正しかったのですから。
それを〝侮辱〟することは、死を意味するに等しいものでした。

５００年前に起こった時代の変化

とはいうものの、このやり方では対応しきれない問題が、次々と明るみに出たのが近代の初頭です。たとえば**ガリレオ・ガリレイ**（１５６４～１６４２）は、発明されたばかりの望遠鏡を使って天体観測をおこない、地動説に有利な証拠を見つけてしまいました（図２・３）。

図２・３　ガリレオ

スコラ学ではひとつの確実な答えを出せなくなったのです。カトリック教会がガリレオを火あぶりの刑にしかけたように、権威をもって公式見解を強制し、反対者を弾圧する以外には……。
「それじゃあ、どうしたらこの世のことを正確に知ることができるんだ!?」

スコラ学で基礎教育を受けていた当時のヨーロッパ知識人は、とても不安に感じたことでしょう。

それはとりもなおさず、古くからの理性中心主義ＯＳがもう通用しなくなったことを意味しています。ＯＳのアップデートを求める機運がここに高まったわけです。

時代は、スコラ学から確実に離れつつありました。

天才ニート哲学者の登場

そのような時代の要請にこたえたのは、大人になっても親の遺産にかまけて定職につかず、毎日昼まで寝て過ごしていた人物でした。

その名は、**ルネ・デカルト**（１５９６〜１６５０）。後世から〝近代哲学の父〟と称される天才ニート哲学者です[*5]（図２・４）。

なぜわざわざ〝天才〟と付けているのかといえば、デカルトは、本章すべての節にからんでアップデートに貢献しているからです。すなわち、「理性中心主義」「現象と本質の区別」「理性による区別知」という3つのプログラムすべてを、新しく書きかえることに成功した

図2・4　近代哲学の父・デカルト

天才プログラマーだということ。

　ゆえに、現在の私たちが思考する際、ビジネスや日常のちょっとした場面でも、ほぼ必ずデカルトの影がチラついているといって過言ではありません（それは後ほど、皆さんもお分かりになるでしょう）。

　それはさておき、デカルトによって理性中心主義がどのようにアップデートされたのか。20年近いニート生活、いや思索のすえに発表された彼の主著『**方法序説**』をもとに、ご紹介することに致しましょう。

「我思う、ゆえに我あり」が意味するもの

　先ほどふれた通り、スコラ学における正しい知識を得るための根拠は、キリスト教と古代ギリシャ・ローマの権威にありました。その根拠をもとに理性を働かせたわけです。

　これをアップデートするということは、これらにかわる別の根拠を、新しく見つけ出さね

ばなりません。ただし、不確実なものであれば正しい知識を得ることはできませんから、その根拠は絶対に確実なものである必要があるでしょう。

デカルトは、そのような根拠を、どうやって見つけ出そうとしたのか。

彼は、**方法的懐疑《かいぎ》**という独創的なアプローチをとりました。考えるうえで少しでも不確実な要素があるなら、それを排除していったのです。

いくつか例をあげてみます。

感覚はどうでしょう。これに頼ると確実な答えが出るでしょうか。いいえ、ダメです。人間の五感なんて人によって感じ方が違いますから、それぞれ違う答えになります。

「１＋１＝２」のような数学は確実に感じられますが、保証はありません。エジソンのように「１個の粘土玉と１個の粘土玉を合わせても、１個の粘土玉のままじゃないか」という考え方だって可能です。

それどころか、いま見ている風景さえ、実は夢なのかもしれません。あなたがもし夢遊病なら、寝ながらにして本書を読んでいることになり、起きたらキレイサッパリ内容を忘れてしまいます。

こんなふうに自分が抱いている信念をとことん疑っていくと、確かなものは何もなくなるのです。

しかし、ただひとつ、例外があることにデカルトは気付きました。

それは「私は考えている」ということです。こればかりは、いくら疑っても否定しようがない事実としか言いようがありません。そして、「私は考えている」とは「私は存在している」ということでもあります。

> 「**我思う、ゆえに我あり**（私は考える、だから私は存在する）」
> この真理こそは、どんなに疑おうとしても揺るがしえないほど、堅固で確実なものだと認めざるをえない。
> だから私は、これを哲学の第一原理として、ためらうことなく受け入れたのだ。
> （『方法序説』第4部より）[*6]

「我思う、ゆえに我あり」のフレーズは非常に有名ですから、皆さんも耳にしたことがあるのではないでしょうか。これは、正しい知識を得るための新しい根拠を、デカルトが宣言した言葉だったのです。

「主観と客観」で考える近代合理主義

本節のキーポイントになる「**主観と客観**」の枠組みは、ここから発生しました。

デカルトにとって確実な根拠は「我思う」ですから、考えている人の意識（＝主観）の存在が前提になっています。ならば、各個人の意識の外にある存在も認めなくてはなりません。

これが**客観**です。

たとえば、ここにリンゴがあるとしましょう。

皆さんの意識（主観）にあるのは、目を通して入ってきたリンゴの〝像〟です。ということは、その〝像〟と、リンゴそのもの（客観）が本当に同じであるときに、「これはリンゴである」という正しい答えを得られるわけです。

それゆえに、デカルト以降の学問システムでは、「主観と客観が一致する＝正確な知識」という図式になっています。哲学においても、主観と客観がどのように一致するのかを研究する**認識論**[*7]が、主な研究テーマになりました。

この思考法を、本書では「**近代合理主義**」と呼んでいます[*8]（図2・5）。

合理主義とは、ものごとを探求するうえで理性を最高のツールとして使うことです。したがって、ピタゴラスらにしても合理主義に変わりないのですが、古代中世については「理性中心主義」と表現し、あえて「合理主義」とは書きませんでした。

その理由は、近代合理主義には「主観―客観」の枠組みが前提としてあって、それ以前とは決定的に異なった合理主義だからです。また、たんに「合理主義」と言った場合、近代のそれを指すことが多いので、まぎらわしさを避ける必要がありました。

図2・5　近代合理主義：主観（Subject）と客観（Object）。スマートフォンの画面に映っているのが皆さんの意識（主観）だとすると、そのカメラが映している外の対象が客観。スマホに故障がなく、映す対象の姿がありのままに画面に映っていれば正しい知識として認定される。「主観＝客観＝正解」こそが、近代における学問の基礎。

私たちに根付く
近代合理主義の思考回路

いずれにしても、この枠組みが土台にある近代合理主義OSでは、あなたひとりの意識にだけ腑《ふ》に落ちるものは客観的ではなく、それは真理ではないことになります。

これは皆さんにもなじみ深い思考回路でしょう。

「この格付けは客観的なデータにちゃんと基づいているのか？」
「裁判長があんなに主観的な判決を下すなんて！」

私たちが日常で多用する「**主観的**」「**客観的**」のニュアンスも、以上から明らかです。特定の考え方や立場にかたよると「主観的」として嫌われる傾向にあります。これは近代合理主義が私たちのアタマに装備されている証左に他なりません。

そして「主観的」とは、自分ひとりの意識に引っ張られている状態とも解釈できますから、「**感情的**」という言葉でも代用されえます。

一方、同じ理由から「客観的」はたいてい良い意味で使われ、「**論理的**」「**理性的**」「**合理的**」などが類義語として使われているということは、もうお気付きでしょう。

ひとことで言えば、主観的ではなく客観的な答えを正しいと見なし、それを求めつづけるのが近代合理主義だということ。理性中心主義は、このような形にアップデートされたというわけなのです。

「権威」vs.「考える自由」

くわえて、もうひとつ私たちが知っておくべきことがあります。

それは、「考える（＝学問する）」うえでの根拠を、宗教に代表されるような「権威」から私たち自身の「**意識**」へと、デカルトがすごい説得力で転換させたということ。

言いかえると、権威に邪魔されることなく、自分自身の力で正しい知識を得るための理論的な柱――それも、堅固で崩れにくい柱――を建てたということです。

権威とは、相手に自分で考えさせることなしに従わせる力を指します。

地動説を非難したスコラ学者たちは、それなりに立派な考えがあったにせよ、彼らの意識のなかでは古くからの聖書解釈がやはり権威なのでした。それを疑ったり、再解釈することを試みていません。

ところで、「自由」を訓読みすると「自《みずか》らに由《よ》る」となります。「自分にたよる」「自分にもとづく」という意味です。

ならばデカルトは、文字どおり「**考える自由**」を推進した理論上の父ということになります。〝近代哲学の父〟の称号は見かけ倒しではありません。

そして、ここから西洋と東洋の理性中心主義に決定的な違いが生じることになりました。

前章でも述べたように、知識人が理性を重んじること自体は、どの文明だろうが変わりません。東洋にも立派な学問がありました。

しかし、「考える自由」のもと、客観的な知識を求めだしてからの西洋人は、あきらかに東洋人が持てなかった知識を持ち始めたのです。デカルトの時代から２００年ほどのち、私たち日本人は、黒船の来航によってその事実を痛感することになります。

第２節　人類最大のイノベーションはこうして生まれた

東洋を圧倒し始めた西洋

「東洋人が持てない知識を西洋人は持ち始めた」

今しがた、第１節の最後をそのように結びましたが、そこで皆さんが思い浮かべたのは、やはり科学的な知識のことでしょう。たった４隻のアメリカ海軍の蒸気船によって、圧倒的な技術力、つまり科学の力を見せつけられ、明治維新につながったのですから。

それにしても、皆さんは不思議に思われたことはないでしょうか。どうして、西洋人だけに圧倒的な科学の知識を持つことが可能だったのかと。

中国やインドといった東洋の大文明圏でも、近代科学に似た知識はそれなりに存在したわけです。むしろ中世までは、西洋よりも東洋の方が優れた知識を持っていたかもしれません。紙・火薬・印刷術・羅針盤は「古代中国の4大発明」と呼ばれますし、古代インド人は数字のゼロを発見しました。

ところが、16世紀あたりから〝何か〟が違ってきます。

すなわち、西洋人だけに独特な思考回路がこの時期に確立された結果、彼らが獲得する知識が、質量ともに他の文明とは異なるものになったということです。

言うまでもなく、この独特な思考回路こそが科学にあたります。科学的に思考する方法を独自に身につけてからの西洋人は、他の文明を圧倒していきました。

これから本節では、この「**科学**」について探ります。今となっては私たちの日常と切っても切り離せない科学——その人類最大のイノベーションはどのようにして誕生したのか。

結論から述べましょう。

「科学」の思考OSは、西洋の基本OSのひとつだった「現象と本質の厳しい区別」（75ページ）がアップデートされて出来たものです。

「科学革命」によって誕生した科学

科学も、16世紀初頭から17世紀末にかけて成立しました。

具体的には、コペルニクスが「地球は太陽の周りを回っている」と主張する1510年ごろから、**アイザック・ニュートン**（1642～1727）が「万有引力の法則」を発表する1687年[*9]ごろです（図2・6）。

図2・6　ニュートン

ニュートンをもって古典力学の基礎が完成しました。この世のすべてを**力学現象**と見なし、それを数式で表現できるのだという考え方が、ついにヨーロッパで市民権を得たのです。
この200年あまりに起こった思考法の革命的な変化は、しばしば「**科学革命** the《ザ》 Scientific《サイエンティフィック》 Revolution《リヴォリューション》」[*10]と呼ばれます。これをもって、西洋人が学問をするときの方法が、スコラ学から科学へと移りかわりました。

もちろん、その根拠となるのはキリスト教や古代の権威ではなく、「主観―客観」の枠組みで考える近代合理主義です。

科学者《サイエンティスト》はいなかった？（「サイエンス」の由来）

ちなみに、本書においては、ここで成立した新しい思考法のみに「科学」の語を用い、科学革命よりも前については使いません。区別を付けるという理由もありますが、なによりも当時、この言葉は今のような意味で使われていなかったからです。

新しく登場したニュートンらの思考法に対して、それまで単に〝知識〟を意味したラテン語「scientia《スキエンティア》」（science《サイエンス》の語源）を特別にあてるようになったのは、科学革命よりさらに後のことでした。[*11]

要するに、新しい思考法があまりにも成功を収めて〝特別な知識〟となったために、後世になって「スキエンティア（サイエンス）」とわざわざ名付けたということ。それこそ「東洋人が持てなかった〝特別な知識《サイエンス》〟の由来です。

それでは、かつて科学はどのように呼ばれていたかと言えば、単純に「哲学」でした。現在の自然科学にあたる領域は、「自然哲学 philosophia《ピロソピア》 naturalis《ナトゥラリス》」もしくは「自然学 physica《ピシカ》」（下はともに当時の教養人が公用語としたラテン語）と呼ばれていたのです。[12]

「scientist《サイエンティスト》（科学者）」の英語さえ、初登場は１８４３年（日本に黒船が来航する10年前）でした。つまり、それ以前に「科学者《サイエンティスト》」なる職業は、少なくとも英語圏では存在していません。コペルニクスやニュートンらにしても、みな自分のことは「哲学者」と見なしていました。[13]

中世後期におこった現実主義の流れ

ところで、理性中心主義は、往々にして現実から離れてしまうことがあります。論理的であるとは、すべてを理詰めで考えることにつながるからです。そして細かいことで延々と議論がつづきます（西洋思想はこれで袋小路におちいっているように私は思います）。

それは、前節でご紹介した、スコラ学による正誤判断をみれば分かることです。

当時は、医学でさえスコラ学で判断されていました。医者が解剖をしても、自分の目にうつる〝事実〟が、権威ある古代の医学書に書かれている〝事実〟と違うなら、自分の目がおかしいと考えたほどです。[*14] 西洋の中世は、長らくこのような時代でした。

しかし、後期になってくると変化のきざしが現れます。

近代科学の先駆者として名高いイギリスの哲学者**ロジャー・ベーコン**（1214〜94）は、「実験からの知識[*15]」を唱えました。実験や観察を通して証明する（＝**実証**）ことを重んじたわけです（約300年のち、このベーコンの新しい方法論は、望遠鏡を使って地動説の証拠を示した、あのガリレオへと受け継がれます）（図2・7）。

音楽でも同様のことが起こり始めました。

図2・7　近代科学の先駆者・ベーコン
“Roger Bacon in his observatory at Merton College” ©Wellcome Images 2014（https://wellcomecollection.org）/ Licensed under CC BY 4.0（https://creativecommons.org/licenses/by/4.0）（筆者が部分的に改変［トリミング］）

たとえば、ベーコンとほぼ同時代にパリで活躍した音楽理論家**ヨハンネス・デ・グロケイオ**（生没年不詳）は、音楽を次のように3分類しています。[*16]

① **シンプルな世俗音楽**：俗人による音楽。
② **理性で組み立てられた音楽**：教養人による音楽。マショーの曲（90ページ）が典型例。
③ **教会音楽**：創造主を賛美する最高位の音楽。

中世音楽理論のスタンダードだったボエティウスの3分類（69ページ）と比べてみて下さい。

グロケイオでは3つすべてが〝聞こえる〟音楽で、ボエティウスにとって最下位だった「道具の音楽《ムシカ・インストゥルメンタリス》」にあたっています。すなわち、グロケイオは観察できる音のみを音楽活動の対象としているのです[*17]。

これらの経験主義的な動きは、中世後期になって、現実を重視したアリストテレスの影響が強まったことに端を発しています。

ですから、ここで皆さんは、こう予想されるのではないでしょうか。

プラトンの理想主義的なイデア説と結びついたキリスト教のおかげで、あまりに現象の方が軽視されていた状況が、アリストテレスの再発見によって改善された。それによって本質よりも現象をしっかり探求するようになったことが科学をもたらしたのだろう、と。

この理論はビジネスパーソンにも受け入れられやすいことでしょう。現実の状況なりデータなりを注意ぶかく観察して、それから判断することこそ科学的と考える方も多いでしょうから。

ところが、それだけでは科学を誕生させるに不十分だったのです。

「宇宙の音楽」に異常なほどワクワクした男

ここで登場するのが、われらが「宇宙の音楽」。そして、若き日に読んだ『ティマイオス』（55ページ）に狂おしいほど魅せられた、あるドイツ人です。

図2・8　ケプラー

プラトンによって記された宇宙論を真っすぐに信じ、「宇宙の音楽」とその背後にある神の偉大なる力をかならず証明してやろうと、この世を去る瞬間まで心を燃やし続けた男……。

ガリレオと同じく科学革命のヒーローに数えられる、**ヨハネス・ケプラー**（1571〜1630）です（図2・8）。

第1法則（楕円軌道の法則）

惑星は、太陽を焦点のひとつとする楕円軌道を描く

第2法則（面積速度一定の法則）

惑星と太陽とを結ぶ線分が、単位時間に描く面積は一定である

第3法則（調和の法則）

惑星の公転周期の2乗は、楕円軌道の長い方の半径の3乗に比例する

図2・9　ケプラーの法則

ケプラーは、数十年分もの肉眼による観測データを分析し、地動説の正しさを決定づける「**ケプラーの法則**」を導き出したことで知られています（図2・9）。

天体の運動が数式で置きかえられるところなど、まさしく新しく起こった思考法を象徴するもの。この法則がなければ、ニュートンの万有引力のアイディアだって生まれませんでした。

ケプラーは、現象よりも本質こそ真実の姿（イデア）と考えるプラトンに、骨のズイまで魅了された人です。だからこそ〝本質の本質〟である神、そして神が創られた「宇宙の音楽」に対するケプラーのあこがれは半端ないものがあります。

それはもう、気の遠くなるような作業だったことでしょう。

3次元グラフィックを一発表示してくれるコンピュータ

ーがない当時、２次元のペーパー上に記された膨大な情報をもとに、太陽系の３次元構造をすべて自分の頭を使って組み立てていくしかなかったのですから。

事実、観測データの分析を始めて10年後の１６０９年に最初の２つの法則を、それからさらに10年して第３法則を発表しており、それだけ手間と時間がかかったことを意味しています。

ケプラーをそこまでに衝《つ》き動かしたのは、何よりも感覚や経験を超えた存在へのワクワク感でした。「宇宙の音楽」が人間に影響を及ぼさないわけがないと考え、宇宙と地上をつなぐ占星術の研究に打ち込んだくらいです。

それは、彼が聖職者を目指したほどに信心深かったことも理由でしょう。当時のクリスチャンにとって、「宇宙の音楽」とは創造主の美しき御業《みわざ》に他ならないのですから。

歴史にとどろく科学法則の発見者であるにもかかわらず、生前のケプラーはきわめて宗教的、オカルト的な人だったということ――私たちにとっては意外な事実です。

ただし、今のスピリチュアルを想像してはなりません。

いくら目に見えないモノを追いかけようとも、ケプラーの場合はあくまでも理性中心主義が基本になっています。現象の背後に広がっている世界を、数学によって厳密に理論づけしようとしたのです。コンピューターも顔負けなほどの計算によって。

ケプラーが〝聴いた〟「宇宙の音楽」

第3法則を発表した『宇宙の調和』（1619年）を読むと、それは一目瞭然です。

この著作においてケプラーは、（10年前に発表した第1法則にしたがって）惑星がたとえ正円ではなく楕円軌道を描いていても、神が創造した宇宙はなおも論理的で美しいことを主張しようとしています。

そして、それを証明する手段として音楽理論が使われているのですが、おそらく古今でもっとも学問的な「宇宙の音楽」論となっています。

「我こそは！」という方は、600ページもある邦訳でお確かめになって下さい。いかに天体の動きが理にかなった美しい形であるのか、ひたすら数学的に立証しようとしていますから。

ごく簡単な例をあげましょう。図2・10を参照しながらお読みください。[*18]

地球から観測すると、惑星は、おひつじ座〜うお座の黄道十《こうどうじゆう》二《に》星座《せいざ》の中を動きます。太

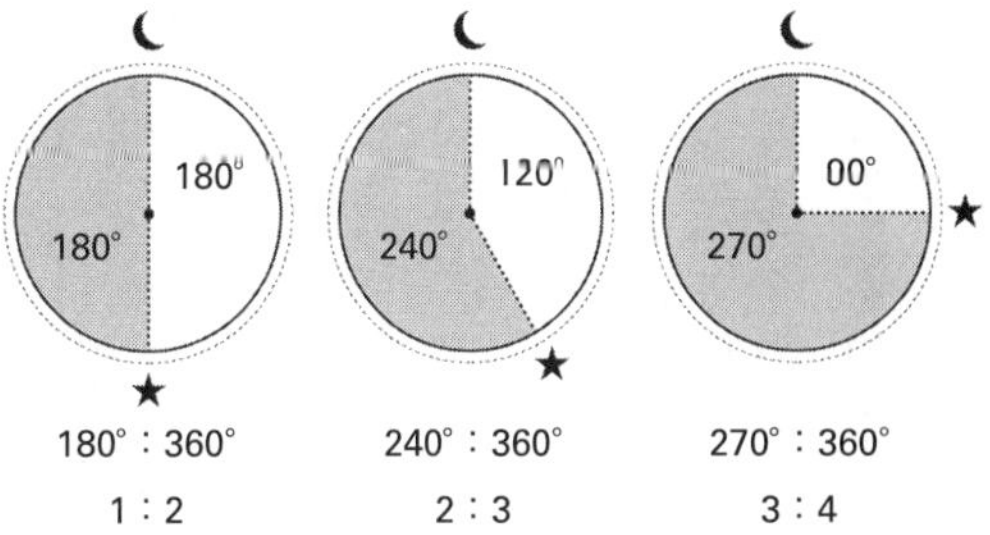

図2・10　Designed by mogmin (http://mogmin.com)

陽系の惑星は、太陽を中心にほぼ同じ平面上を並んで公転しているからです。ひとつくらい縦に回っていても良さそうなものの、神の采配ゆえか、そうなってはいません。

さて、黄道十二星座をつなげて、我々の空をグルッとひと回りしている360度の円環とみなします。

ある2つの惑星が正反対の位置関係にあるとき、その角度は観測者から見て180度です。このとき黄道の全円環360度はちょうど半分に分轄されます。もともとの円環との比は1：2です。

もし120度の位置関係だったら十二星座の円環は長短2つに分轄され、その長い方（240度）と全円環との比は2：3になります。同じように90度の位置関係では、その長い方（270度）と全円環との比は3：4です。

ここでピタゴラスの発見を思い出してください。ハンマーや特殊な竪琴《たてごと》で、協和音に隠された数比を見つけたくだりです（43ページ）。

皆さんはお気付きでしょうか。

今あげた2つの惑星がつくる角度の例は、すべて占星術において非常に力強いとされる星相（人相や手相のようなもの）なのですが、それによって発生する数比は、ピタゴラスが発見した協和音の数比と一致しています（2つの音が完全に調和して響く数比も、1：2、2：3、そして3：4でした）。

ここから「2惑星が180度の位置にあったら完全協和音を奏でている」といった「宇宙の音楽」理論が発生するわけです。[*19] そして、観測データからコンピューターばりの計算をへて把握《はあく》した天体の動きを、同じような手順で音楽理論へと次々に当てはめていきました。

科学の誕生をめぐる意外な事実

ケプラーの著作は終始この調子で、音楽論・天文学（占星術）・数学を融合させた考察が、文字どおり延々と続きます。今あげた例からも想像できるように、大部分がこじつけに近いことは否定できず、その意味では〝失敗だらけの本〟とすべきかもしれません。

すなわち、近代天文学の基礎となったケプラーの法則は、何百ページにもおよぶ非科学的な考察から導き出された科学的な法則というわけです。

もちろん、当の本人はいたって真面目。神の創造がいかに美しいものであるのか、これで証明できたと信じていました。

こうしてみると、ケプラーが〝科学革命のヒーロー〟であるとの評価は、後世による結果論を含んでいることが分かります。部分的には正真正銘の自然科学になっており、天文学やニュートンへの影響も考慮するなら、彼が歴史的な大科学者であることに疑問の余地はないのですが。

実は、感覚や経験を超えた存在に対してワクワクしたのはケプラーだけではありません。娘を修道女にしたほど信心深かったガリレオ、アトランティス大陸といったオカルト研究を大量に遺《のこ》したニュートンなど、科学革命のヒーローたちはケプラーと同じような傾向をもっており、私たちの一般的なイメージからすると意表を突かれます。[*20]

要するに、「すべての自然現象は数式で力学的に説明できる」という科学でもっとも肝心な思考法は、現象よりも本質を重視するプラトン的な精神がなければ生まれなかったのです。

科学を支える土台①　デカルトの二元論と機械論

ところで、ある考え方が世の中で受け入れられるには、人々をきちんと説得できるレベルでの理論化が欠かせません。子供ならば実践だけでもそのまま吸収してくれるでしょうが、大人は大抵、しっかりとした理屈を必要とするものですから。

16～17世紀、スコラ学にかわって成立した科学にしても同様です。初めのうちは頑強な抵抗にあいました。天才たちによる実践がまず先行し、その理論面の整備が追いついていなかったからです。

この状況を救ったのが、またしてもデカルトでした。このニート哲学者は、「現象と本質の区別」を徹底するユニークな発想で、科学を下から支える理論をこさえることに成功したのです。

まずデカルトは、この世界は「**心**（魂・精神）」と「**物質**（身体）」の2つから成っていると考えました。難しい言葉で「**物心**《ぶつしん》**二**《に》**元論**《げんろん》」といいます。

二元論とは、ものごとを2つの異なる原理（仕組み）だけで説明する理論のことで、物心二元論そのものは、実のところ古代からあって珍しくありません。[*21]

くわえて、「物質」を「現象」に、「心」を「本質」に対応させると、「現象と本質の区別」（これ自体も二元論です）の別バージョンとも表現できます。

しかし彼がスゴイのは、その先の発想です。

なんとデカルトは、物質世界の方は単なる機械であると主張したのです。物質世界ですから、自然界だと考えて差し支えありません。つまり、植物や動物さえも彼にとっては機械。人間については魂があるので単なる機械ではないにしろ、身体じたいは機械なのだと言ってのけます（図2・11）。

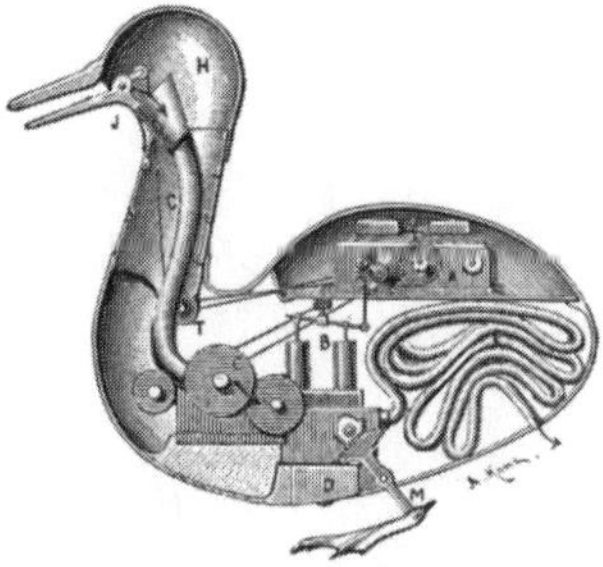

図2・11　デカルト「動物は機械だ」

「この美しい自然が機械？　かわいい動物たちも？」

こんな**機械論**、ついていけない方もいらっしゃることでしょう。それでも、今から400年近くも前にここまでラディカルな主張をした革新性は、まさに驚くべきことではないでしょうか。

科学を支える土台②　デカルトの「4つの規則」

ともあれ、この機械論における最大のポイントは、物質世界が機械である以上、数学や力学の法則に支配されているのだから、適切な方法を用いることで全部が解明されうると考えたことにあります。

デカルトは次のように主張しました。

> すべての人間には、ものごとを論理だてて考える能力（理性）が平等に与えられていて、その能力を「**4つの規則**」にしたがって使っていくなら、少なくとも機械である物質世界については、誰でも確実に正しい答えを見つけることができる。
>
> （『方法序説』第1、2、4部より再構成・意訳）

つまり、こういうことです。

この世界はネジやゼンマイがたくさん詰まった機械です。ですから、この世界について解き明かすためには、まずは機械をいったんバラバラに分解してひとつひとつの部品を研究して（**分析の規則**）、そこから少しずつ、それぞれの部品がからみ合いながら達成している役割の研究へと移ります（**総合の規則**）。

その作業においては、権威などに惑わされず、明らかに正しいものだけを受け入れること（**明証性**《めいしょうせい》**の規則**）、そして部品や役割をすべて研究しきったか見直すこと（**枚挙**《まいきょ》**の規則**）も忘れてはなりません。

自然哲学者（後世でいう科学者）は「4つの規則」に従ったうえで、数学や力学を適用し、誰でも同じように再現できる実験で証明していけば、この世界についての正確な知識が必ずや手に入る――デカルトはそう主張するのです。

これは現在の科学者が前提とする考え方と、ほぼ変わらないのではないでしょうか。

事実、この理論を引き継いだ者がぞくぞくと登場し、さまざまな法則や理論を発見しました。科学発展の土台となったのです。

科学的な思考のために必要な5つの条件

人類最大のイノベーションゆえに長くなってしまいましたが、本節の最後に、科学の要点と意義をそれぞれ整理することにしましょう。

「科学とは一体なんぞや？」

これはそれだけで大著が書けるほどのテーマで、さまざまな説があります。

コロナウイルスの大流行《パンデミック》においては、「それは非科学的だ」「いや科学に基づいている」と、専門家でも意見が割れることがありました。つまり、科学をきちんと定義するのは、科学者でさえ意外と難しいということでしょう。

それはともかく、私の考えでは、科学的な思考として次の3つは外せません。

① あらゆる現象は力の作用の結果で、物理法則に支配されている。（力学的世界観）

② その力に数字をあてはめ、物理的な量として計算する。（数値化と計量化）

③ 誰が実験をやろうが、同じ手順で同じ結果となるものが正しい。（仮説の実証）

この科学を科学たらしめる3つの思考プログラムは、現象と本質を厳しく区別する古代からの基本OSから進化したものです。

アリストテレスのように現象をより重視する立場から③へ、プラトンのように本質をより重視する立場から①と②へと進化したのでした。

また、これらを支えるのは相変わらず理性中心主義です。それが「主観と客観の一致＝正しい知識」とみなす近代合理主義へとアップデートされたのを考慮すると、

④　権威を疑うこと。（**自律した思考**）
⑤　宗教やオカルトなど、一部の人にしか納得できないものとの距離。（**客観性の要求**）

の2つも加わります。

④はスコラ学との違いから明白です。権威ではなく〝自らに由って〟考えることを出発点とした、デカルトの「考える自由」で決定づけられました。

⑤も当然のこと。あまりにも科学が成功したため、今では「**科学的＝客観的＝正しい**」との考え方が盲目的に広まっているほどです。

しかし、それは誤解に過ぎません。④と⑤は、あくまでも理性で適切に思考するうえで必要な条件です。自由な思考、かつ客観的でありさえすれば科学になるというわけではありません。①〜③が満たされてこその科学です。

新しく登場したこれら５つの思考法を、西洋人がどのように運用して大成功をおさめたのかは次章でみることにします。

現実主義だけでは生まれなかった科学

次に、科学の意義はどうでしょう。

こちらも限りなく答えがありますが、私が強調しておきたいのは、キリスト教と結びついた「現象と本質の区別」という西洋独自の発想なしに、科学は生まれなかったということです。

特に、①「力学的世界観」と②「数値化と計量化」には、それが当てはまります。

一方で、③「仮説の実証」に関しては近代西洋の専売特許ではありません。

たとえば、西洋で〝医学の父〟とされる古代ギリシャの**ヒポクラテス**（前３７０年頃没）は、迷信や呪術《じゅじゅつ》を否定して、患者の観察から治療法を実証しています。東洋の〝医聖〟**張《ちょう》仲景《ちゅうけい》**（２１９年没）も、同じように臨床《りんしょう》を重視して、今の日本人もよくお世話になる葛根湯の製法を考案しました（図2・12）。

図2・12　古代における東西の医聖。ヒポクラテス（左）と張仲景（右）。

つまりアリストテレスのように経験を重んじる人は、時代も場所も関係なく、③に自然と到達しやすいわけです（もちろん近代科学ほど厳密で徹底してはないですけれど）。

しかしながら、①と②は違います。

「偉大なる神が創造した現象世界の背後には、美しい秩序があるに違いない。我々は授かった理性でそれを見つけるのだ！」

すべてはこの動機からでした。

感覚や経験を超えた世界へのワクワク感から出発して、科学革命のヒーローたちは①と②を誕生させたのです。

ケプラーを思い出してください。その最たる例になっています。

もしも現象の世界だけで現実主義的に考えるなら、ケプラーの法則が成り立つべき必要性などまるで見当たりません。日常生活とは無関係で、まったく役に立たないのですから。

探求する動機さえ湧《わ》くことがなく、文字どおりワクワクしないでしょう。

しかし、神ヤハウェやプラトンを信じ切っていたケプラーは、現象の背後に隠れた美しい秩序へのワクワク感に、忠実に従いました。

「惑星の公転周期の2乗が、楕円軌道の長い方の半径の3乗に比例する」なんて、2乗や3乗の代わりに、3・14だろうが√《ルート》（平方根）だろうが、何でもよい気がします。

けれどケプラーは、神の法則は理性的で美しいという信念から、ピタゴラスの定理のようにシンプルな数式になることを前提として法則を追い求めました。[*22] そして何十年も無我夢中で計算をくり返したのち、とうとう発見したのです。

したがって、彼らヒーローたちが信心深く、オカルト研究に精を出したことに困惑するのは、私たちが後世から過去を見ているからに過ぎないことが分かります。

彼らの新しいやり方が〝科学〟として普及するにつれて、すべての問題をそれで解決できると我々は錯覚するようになり、神もオカルトも頭から否定しがちになってしまいました。まったくもって皮肉なものです。彼らが生きていたら世に絶望するかもしれません。

西洋的な思考の申し子としての科学

それはともかく、五感でとらえられる現象（経験）だけを探求しても、人類最大のイノベーションは生まれなかった事実——これは大切な教訓です。

プトレマイオスの理論は、非常に高い完成度があったことを思い出してください（60ページ）。

天動説のプトレマイオスも、地動説のコペルニクスも、肉眼による天体観測をもとに理論を作りました。つまり両者の理論は、ほぼ同じデータを基礎にしていながら、まったく異なる結論に達しています。[*23] これは経験だけに頼ってはならない証拠です。

また、われわれ東洋人が、近代西洋のような科学を生みきれなかった理由も、ここにあります。なぜ私たちではダメだったのか。

ローソク足チャートの本間宗久でふれたように（81ページ）、東洋人は「現象の背後には何か論理的な法則がある」という考えを徹底しないのです。目に見えない部分、耳に聞こえない音にまで、数学と論理をしつこく適用することはまずありません。[*24]

対する西洋人は、それらを本質の世界、すなわち神の世界にまで徹底的に適用することで科学を生みだしました。

「西洋以外にも科学はあった！」とは、よく主張されています。しかし、きちんと西洋人の思考回路を古代からひも解いたうえで考えたなら、近代西洋のそれ以外について「科学」の名称で呼ぶことに、私は同意できません。

先ほどあげた5点の特徴が全部そろってこそ科学であって、それは非常に西洋的な、特殊な思考形態に由来しているのではないでしょうか。[*25]

イノベーションはアート思考から起こる

いずれにせよ、この教訓は科学者だけでなくビジネスパーソンにも重く受け止められるべきです。眼前の数字や現実だけをいくら頑張って探求しても、イノベーションは起こらないことの歴史的な裏付けですから。

たとえば、アップル社を創業した**スティーブ・ジョブズ**（１９５５〜２０１１）。

彼は、奇想天外な超常エピソードが散りばめられたパラマハンサ・ヨガナンダ（ヨガ聖者）の自伝を、ただ1冊だけｉＰａｄにダウンロードするほど、目に見えないものへの探求心が強い人物でした。また、製品の外見だけでなく、（分解しないかぎり利用者には見えない）電子回路を美しく整然と配置することにこだわるなど、同じ歴史的イノベーターであるケプラーにとてもよく似ています。

べつに神やオカルトを信じることがイノベーションの条件ではありません。現象と対になる、本質の世界に働いているスゴイ法則——それを誰にでも分かる形で解き明かしてやろうとするワクワク感がポイントなのですから。

そして私の考えでは、まさしくここに、昨今のビジネスパーソンがアートを嗜《たしな》むべき根拠が横たわっています。

なぜなら芸術とは、プラトンの用語を借りるなら、イデアを現象化させていくプロセスだからです。五感や経験を超えた何ものかを、みずからの精神と肉体を通して、鑑賞者が五感で感じ、経験できるように変換する作業だからです。

イデアは、日本語で「理念」とも訳されますが、英語ではそのまんまIdea《アイディア》となります（特にプラトンの哲学用語を指す場合は、頭を大文字にします）。「アイディア」の語源は、実はプラトンなのです。

つまり、ビジネスパーソンの方に身近な言葉で言いかえると、芸術（アート）とは「自分がワクワクするアイディアを、なんらかの形で顧客が経験できるようにする事業」となりましょう。そうです、まさにジョブズがやったように。

だからこそ「ビジネスにアート思考を！」と叫ばれ、最近ブームになっているわけです。

しかしながら、そこには大きな落とし穴や誤解がいくつもあって、本書が自分を思考回路の次元から変えようと試みているように、アート思考について根本的な次元にまで遡《さかのぼ》ったうえで実践なさっている例は少数にとどまっています。

この問題については第４章で目を向けることになるでしょう。

第3節　〝モチはモチ屋〟を徹底する近代西洋ＯＳ

哲学から専門への枝分かれ

西洋人は理性を使って思考するうち、ものごとに言葉による細かい区別をつけていく道を進みました。その特徴を本書では「**区別知**」と名付けましたが（85ページ）、これは近代に入ってからどのようにアップデートされたのでしょうか。

区別知の傾向は、近代において加速度的に進むことになります。具体的にいえば、またもやデカルトをきっかけとして、**専門への分科**が激しくなるのです。

「哲学」はphilosophy《フィロソフィー》の訳ですが、これは「知恵を愛し求める」を意味するギリシャ語のphilosophia《ピロソピアー》に由来します。ですから、哲学者philosopher《フィロソファー》とは、「知恵を愛し求める者」のことです。

西洋では、学問に従事する者は、どんな分野でも関係なく「哲学者《フィロソファー》」と呼ばれる時代が長いあいだ続きました。[*26]

つまり、知を求める学問はすべからく哲学です。今のように「哲学と科学」「哲学と音楽」などと分ける発想はありません。みな自分がワクワクする全対象を研究しました。

ですから、プトレマイオスが研究した領域はさながら〝何でも屋〟のような広さでしたし、デカルトも、音楽[*27]、数学、気象学など、多方面で論文を遺しています。

しかしながら、このようなことは現在の学問ではありえません。

音楽ひとつとってみても、音楽理論・音楽史・演奏・音楽療法と、専門分野があります。しかも、さらにその中でキリがないほど分かれるのです。

図2・13　バッハの美しい自筆譜

たとえば、音楽史。

ある学者が、バッハが活躍した地域の古文書を研究して、彼の足取りを追おうとすれば、別の学者は、自筆譜の紙質を科学的に測定して、その曲の作曲年代を割り出そうとします。それぞれが固有の専門知識をもっていなければならず、部外者がうかつに手を出すことなど出来ません。

つまり現在では、大学で同じ学部・学科であっても、隣の部屋でやっている研究についてチンプンカンプンという現象だって珍しくないわけです。

何でも分析から始めようとする現代人

もとは哲学という一本の幹《みき》であったはずなのに、ここまで四方八方に枝葉《えだは》が育ったのは、疑いなくデカルトの「4つの規則」が方法論として普及したことに主な原因があります。

あるものを研究しようとすれば、対象をひとつの機械と想定して、まずはそれをバラバラに分解して部品をひとつひとつ調べる「**分析**（analysis《アナリシス》）」から始まるのですから。
スコラ学に代わる新しい思考法が、19世紀になって正式にscience《サイエンス》と呼ばれるようになった頃には、かなりの分科が進んでいました。ゆえに、明治時代にそれを日本語に訳すとき、〝分科された学〟のことであると解釈して「科学」にしたのだろう、というのが私の見立てです。[*28]

これを会社経営でたとえると、元々ひとりですべての業務をこなしていたのが、規模が大きくなるにつれて、経理・営業・総務などのセクションに分けられてゆく現象に似ています。そして社員の採用時には、募集するポジションによって大学や大学院でなにを専門に学んだのかが重視され、それを担保するものとして学位と出身校を確認するでしょう。

要するに、このような**専門性・専門家への信頼**は、近代において進化した区別知のあり方であって、科学とかたく結びつきながら私たちに根付いているのです。

その原因となった**分析の重視**についても同様に定着しました。私たちは「分析」という言葉をあらゆる場面で口に出します。

投資ひとつ始めるにも、売上高・営業利益・経常利益・純利益・1株益・ＰＥＲと、さまざまな細かい指標を確認するのが常道とされます。これも分析です。

図2・14　最後の"伝統的哲学者"ゲーテ

ちなみに、何でも探求した〝本来の哲学〟を守った最終世代のひとりがゲーテ（１７４９〜１８３２）でした（図2・14）。

『ファウスト』や『若きウェルテルの悩み』を書いたドイツの大文豪として知られますが、彼は光学の分野でも有名な『色彩論』を遺しています。ゲーテが亡くなったのは１８３２年、つまり「科学者《サイエンティスト》」が登場する直前にあたり、なにか象徴的です。

それから約２００年、今ではアップデートされた近代西洋の思考ＯＳによって、全世界が動かされています。

エピローグ

さて、これまでの第１部の旅はいかがだったでしょうか。

「感染者数ばかり発表して。もっと科学的になって欲しいよ！」

「社外取締役を置いて、より客観的な視点を取り入れよう」

「専門家でもないのに、ウイルスのことを語る資格があるのか？」

「年齢や性別などの項目に分けて、最近の顧客層を分析しよう」


ふだん私たちが無意識に使っている言葉、あるいは思考パターンの多くが、実は古代から現在まで西洋で脈々と受け継がれてきた思考回路から発生していることを、理解して頂けたでしょうか。

そして、本章の内容をひと言で要約するなら、次のようになります。

①「理性中心主義」は、「主観―客観」を前提とした「近代合理主義」へ
②「現象と本質の区別」は「科学（科学的思考）」へ
③「理性による区別知」は「専門への分科と分析の重視」へ

古代ギリシャ・ローマ文明とキリスト教のもとで成立した基本ＯＳは、16～17世紀の近代

初期において、このようにアップデートされたというわけです（実はもうひとつ、「自由」という不可欠な思考ＯＳもありますが、これは第2部で扱います）。

＊

それにしても、すべてのアップデートにはデカルトが関係していました。

「我思う、ゆえに我あり」「考える自由」「物質世界は機械」「分析による解明」……。

まさにデカルトこそが、近代の思考回路を象徴する人物であることを意味しています。

その業績から彼は、１６５０年にスウェーデンで客死するや否《いな》やすぐに神格化されました。

遺骨が祖国フランスへと送還されるとき、なんと頭部だけが熱狂的なスウェーデンの崇拝者によって切り離され、聖人の遺物でもあるかのようにコレクションされたのです。

頭蓋骨が祖国に戻ってきたときには、それまでの所有者のサインだらけ。

しかも、かつて次々とイノベーティブな発想をつむぎ出した頭の真ん中には、デカルトを褒《ほ》めたたえるラテン語の4行詩が書きこまれていました。その詩こそ本章のエピグラフです（「カルテシウス」というのはデカルトのラテン語名）。

ミイラでなく骨だったぶん理解できないこともないですが、それにしても凄まじい崇拝のされようです。それだけ当時の西洋に与えたインパクトが大きかったということでしょう。

＊

それでは、かくも私たちを縛っている西洋の思考回路が、一体どんなものであるのかをテーマにした第１部は、ここで終わります。

〈本章エピグラフの出典〉
Russell Shorto “*Descartes' Bones: A Skeletal History of the Conflict between Faith and Reason*”
(Knopf Doubleday Publishing Group, 2008)
原著１４６ページに収められている詩の英訳をもとに、筆者が口語調で訳した。
＊邦訳は、ラッセル・ショート『デカルトの骨　死後の伝記』（松田和也訳・青土社）。松田氏による詩の訳は文語調である。

Column 2

本質なる神の世界への畏敬《いけい》、それを現象させる技《わざ》
ヨハン・セバスティアン・バッハ作曲『ロ短調ミサ』より「クレド」冒頭の2曲

図C・2A　バッハ

〝音楽の父〟と呼ばれるドイツの大作曲家、バッハ（1685〜1750）。名前は皆さんもご存じのことでしょう。

彼の代表作に『ロ短調ミサ』というのがあります。

2時間以上かかる大曲ですから、さすがに初心者の方に全曲をオススメはできませんが、なかでも聞きやすい、「クレド」の冒頭にある2曲を取りあげます。歌詞（ラテン語）を見ながら聴いてみて下さい。

Credo《クレド》 in《イン》 unum《ウーヌム》 Deum《デウム》,	私は唯一の神を信じます
Patrem《パトレム》 omnipotentem《オムニポテンテム》,	全能の父を信じます
factorem《ファクトーレム》 caeli《チェリ》 et《エト》 terrae《テッレ》,	天と地と
visibilium《ヴィズィビリウム》 omnium《オムニウム》	見えるものすべてと
et invisibilium《エトインヴィズィビリウム》.	見えないものを作ったお方を

図C・2B 『ロ短調ミサ』の「クレド」冒頭2曲　歌詞と対訳。1曲目は1行目のみを、2曲目は1行目〜最後までを歌う。各パートが同じ歌詞を、メロディーを重ねながら何度もくり返す。

バッハもケプラーと同じく、神への畏敬の念にあふれ、本質世界には美しい数学的秩序があると信じていた人でした。この2曲は、そんな彼の信念が現象化された好例です。

第1曲では、5部に分けられた合唱に2部のバイオリンを加えた合計7部のパートが、「我は唯一の神を信ず（Credo《クレド》 in《イン》 unum《ウーヌム》 Deum《デウム》）」の旋律を担当します。

そのうち、「我は信ず（Credo《クレド》）」の旋律は49（7×7）回、「唯一の神を（unum《ウーヌム》 Deum《デウム》）」という言葉は84（7×12）回にわたって登場するのです。

つづく華やかな第2曲についても84小節の長さをもっています。

これは偶然ではありません。なぜなら、バッハはその数をわざわざ自筆譜に書き込んでいるからで、これに関しては間違いなく意図的にやっています[*1]。

〝ラッキーセブン〟なんて言いますが、なぜバッハは7と12にこだわったのか。

第1部でも何度かふれた「天地創造」は6日かけて行われました（つまり人間が創造されたのは6日目）。

そして7日目に神はお休みになられました。これを安息日《あんそくび》といって、日曜日に仕事を休んで教会へ行くのはこれに由来します。7はクリスチャンにとって、神の創造に想いをはせる特別な数字なのです（ちなみにラッキーセブンは、メジャーリーグで7回に逆転が起こりやすかったことに由来する言葉です）。

〝12〟は、イエス・キリストにつき従った12人の高弟（十二《じゅうに》使徒《しと》）や、時間が12の倍数でできた秩序（60秒で1分、60分で1時間、24時間で1日）であることから、これも特別な意味をもっていました。

ケプラーがコンピューターばりの計算でそうしたように、バッハもおそろしく手の込んだやり方で神の本質世界へと近づこうとしたのです。超人的な作曲テクニックを要求するため、有名な作曲家でもこの手の試みをした人は限られています。

ケプラーの法則そのものが私たちの日常世界では経験できないように、このバッハの作品にしても、理性を使わねば隠された法則を知ることができません。科学を生みだした西洋人の特殊な思考パターンを、ここにも見ることが出来ます。

＊コラムで取り上げた曲は、私のユーチューブ・チャンネルにある再生リスト（「光文社 新書『「宇宙の音楽」を聴く』」）でお聴きになれます。

第2部

第３章　近代世界をおおう光

和声理論については意外にもドイツ人学生はみな苦手なようで、
すでにヴァイオリンやピアノを相当うまく弾けるのに知識がほとんど無い者が多い。
私にとっては、なにか不思議な感じでした。

滝廉太郎（作曲家）

プロローグ

近代西洋ＯＳをダウンロードしてからの日本人は、時間をかけながらも、あらゆる価値観をドラマティックに変化させていきました。

「はじめに」でふれた通り、「夢をかなえるのが成功であり、幸せ」という人生観が今では普通になったのも、このＯＳが影響しています。

ただ、何事にも良い面と悪い面があるものです。

その思考回路に染まってしまったことによって、夢をかなえて人生の喜びをかみしめる人がいる一方、思い通りにいかず心身を病んでしまう人も増えるように。

私たち日本人を縛っている近代西洋ＯＳについて、そのような長所（第3章）と短所（第4章）を解き明かすのが、これから始まる第2部の目的です。

＊

長所に焦点をあてる本章は、次のような構成になっています。

まずは第1節で、このＯＳがもっている独特の強みについて理解することから始めます。なかば強制に近かったにせよ、明治の人々によって受け入れられることで、日本をみちがえるほど変えてしまった、その強さの秘訣とは一体どのようなものでしょうか。

つづく第2節は、第1部で言及できなかった「自由」について語ります。この「自由」によって近代西洋ＯＳの強みが十二分に発揮されることになり、世界を変える原動力となりました。

第3節はいよいよ日本の物語です。そのＯＳを輸入した我々日本人がどのように変わり、世界でもトップクラスの国へと成長できたのか、前節までの考察をもとに検証します。

別のいい方をすれば、明治以降の日本人に成功をもたらしてきた常識や社会システムを、それを生み出す思考回路の次元から見つめ直すということです。

それでは、これより近代西洋ＯＳの光と影を追ってみましょう。

第1節　近代西洋ＯＳが世界標準となった理由

文化面でも世界を圧倒する西洋

世界史をふり返ると、中世の終わりまでヨーロッパ文明はあくまでも諸文明のひとつであって、飛び抜けていたわけではなかったことが分かります。

たとえば、ヨーロッパ人はイスラム勢力にしばしば苦戦し、イベリア半島（スペイン・ポルトガル）は長いことイスラム王朝の支配下にありました。東ヨーロッパも、モンゴル帝国やオスマン帝国の支配を受けています。

ところが、西洋人が思考ＯＳをアップデートした近代初頭を境にして、彼らの文明がほかの文明を明らかに圧倒し始めます。19～20世紀になると、欧米諸国は特にアジア・アフリカに進出して、次々に植民地化もしくは属国化しました。**帝国主義**と呼ばれる歴史です。

さて、これと似たようなことが、実は文化面でも起こっていることに、皆さんはお気づきでしょうか。

古くは数ある中のひとつに過ぎなかった西洋文化。それが今では世界の隅々にまで浸透しています。しかも、洋服・食事・エンターテインメントなど、あらゆる領域にまたがって浸透しているのです。

18歳まで日本にいた私にしても、和服を着た覚えがほとんどなく、和菓子よりもポテトチップスなどのスナックを好み、邦楽ではなくクラシックや（西洋の影響を受けた）ポピュラー音楽で育ちました。

このような現象は、程度の差こそあっても、世界中で見受けられます。

かつて、西洋人が世界を支配できたのは、科学技術のイノベーションが加速度的に進み、圧倒的な軍事力を保持しえたからに他なりません。すなわち、前章でみた近代西洋ＯＳの三本柱――「科学」を中心に、それを支えた「近代合理主義」と「専門家」――によって実現したということです。

我が国にしても、1853［嘉永6］年に突如あらわれた、たった4隻のアメリカ海軍の蒸気船にふるえ上がったのが直接的なきっかけで、西洋の思考ＯＳと文物をとにかく急いで輸入して、根付かせようとしました。

そして、それが一定の成功をおさめたからこそ、北は樺太から南は台湾までを支配する、アジア唯一の超大国（列強）となりえたわけです。

圧倒的な軍事力によって帝国主義が起こってしまった——これは因果関係が明白です。

また、テクノロジー（科学技術）を輸入して便利な世の中が実現した——これも明白で、あらためて説明する必要はありません。

しかし、文化面においても西洋が圧倒的な影響力を及ぼしているのは、よく考えると不思議なことです。どうしてこのような事態になったのでしょうか。

実は、ここを掘り下げていくと、近代西洋ＯＳの強さの秘密がとてもよく分かるのです。

〝外発的〟に学ばざるをえなかった日本人

日本の〝西洋化＝近代化〟については、明治〜大正を生きた大文豪・夏目漱石（1867

〜1916）が核心をピタリと言いあてた言葉をのこしています。

> 西洋の開化《かいか》［＝新しい知識によって世の中が変わること］は内発的であって、ちょうど蕾《つぼみ》から花びらが外へ開くように、内から自然に出て発展している。
>
> 一方、日本の現代の開化は外発的で、外からおおいかぶさった他の力で、やむをえず形になったものだ。
>
> （『現代日本の開化』より・一部改変・傍点筆者[*1]）

これをクラシック音楽で説明してみましょう。

江戸時代までの日本には、〝ドレミファソラシド〟の音階を歌える人など、ほぼ皆無でした。それはそうです。〝ドレミ〟は西洋で形成された音の並びであって、ほかの地域では、ひとつの音階における音の数、並び方、それに音の高さだってまったく違うからです。[*2]たとえばインド音楽など、ドとレの間にも数多くの音がありました。[*3]日本にしても各地にさまざまな流儀の音階があったわけです。

かわって今の日本では、演奏される音楽のほぼすべてが〝ドレミ〟をもとにしています。

そして、中世カトリック教会でミサ曲を学習するために開発されてきた五線譜に、その音を書きつけているのです。[4]

20世紀も後半になると、箏曲や三味線といった邦楽奏者も、五線譜を用いるようになってきました（本来はまったく違う音のシステムだったわけですから、これはとても奇妙なことです）。

このような状況になった直接的なきっかけは、明治の学校教育にあります。

近代西洋∩Sを広めるにあたって、明治政府は欧米にならった教育制度を整えたのですが、そのときに**唱歌**（現在の音楽にあたる）の授業も加えられました。

西洋人に肩を並べられるよう、なんとか五線譜に書かれてある〝ドレミ〟くらいは歌える国民を育てることのほかに、愛国的な歌をうたわせることで国家を統一しようとする政治的な目的もあったようです。[5]

図3・1　夏目漱石

最初は教えられる先生が誰もいなかったので、アメリカから音楽教育者**ルーサー・メーソン**（1818〜96）をはじめとする外国人を招いて教えを乞《こ》いました（ちなみに、ピアノを習った人なら一度は弾

図3・2　日本初の音楽教科書『小学唱歌集』。
国会図書館デジタルコレクション『小学唱歌集初編』（https://dl.ndl.go.jp/info:ndljp/pid/992051）

かされるだろう教本『バイエル』は、彼が日本にもち込んだものです[*6]。明治のお雇い外国人が薦めたものを、私たちは後《ご》生《しょう》大事に受け継いでいるのです）。

　1881〔明治14〕年に、五線譜による初めての教科書『小学唱歌集』を完成させます。皆さんご存じの『蛍の光』と『仰げば尊し』も、この教科書に収められたのがきっかけで日本人に広まりました（図3・2）。

　そして1887〔明治20〕年には、クラシック音楽を専門的に学ばせる教育機関として、東京音楽学校（現東京藝術大学）を設立しました。

　こうした政府主導による学校教育、いわば上からの努力によって日本国民に西洋音楽が広まっていきました。これが漱石のいう、外からおおいかぶさった力による〝**外発的**〟な変化にあたります。

なぜ東洋人でもクラシックが楽しめるのか？

その一方で漱石は、西洋人にとっての西洋文明は、自分たちの内から自然に出てきたものだから〝**内発的**〟であると指摘しています。当たり前に思えるでしょうが、それが「どうして」「どのようにして」形成されたのか知らないかぎりは、この言葉を本当に理解はできません。

ですが、まさしくそこに焦点をあてた第1部を読み終えられた今なら、「蕾から花びらが外へ開くように、内から自然に出て発展している」という漱石の表現がいかに的確か、皆さんも痛感されるのではないでしょうか。

ロンドンでノイローゼになるほど英文学を学んだ漱石ゆえに、内発と外発のちがいを根本から見抜いているのです。そして、そこから生じてくる問題や苦悩をテーマにして小説を書きました。

実は、日本人とクラシック音楽の関係においても、〝外発的〟ゆえの問題があります。

たとえばバッハは、第2章の章末コラムで言及したとおり、クリスチャンとしての深遠な想いを作品に込めていました。ところが日本人の大半は、その次元で共感することなど絶対にできません。信仰はもちろんのこと、キリスト教の基礎的な知識さえ持ち合わせていないからです。

それにもかかわらず、2時間以上もかかる『ロ短調ミサ』を、数多くのアマチュアやプロが心から楽しみながら、素晴らしい演奏をくり広げています。クラシック愛好家の間でも、〝バッハのロ短調〟は最高傑作のひとつとして崇《あが》められます。

これはとても興味ぶかい現象です。バックグラウンドのまったく異なる、外から入ってきた音楽に、ここまで馴染んでしまうのですから（逆に、欧米にも日本の伝統音楽を演奏する団体がありますが、ごくわずかな人数で、日本におけるクラシックの隆盛とは比べものになりません）。

くわえて見落としてはならないのは、これが日本だけの現象ではなく、中国や韓国といった他の非西洋文化圏でも起こっているということです。ですから、今あげた〝外発的〟ゆえの問題は、それらの地域にもあてはまります。

それはともかく、文化的な背景のまるで違う東洋人にも、それなりの演奏や共感をさせてしまう原因とは何なのでしょうか。

さあ、ここからが本題につながります。

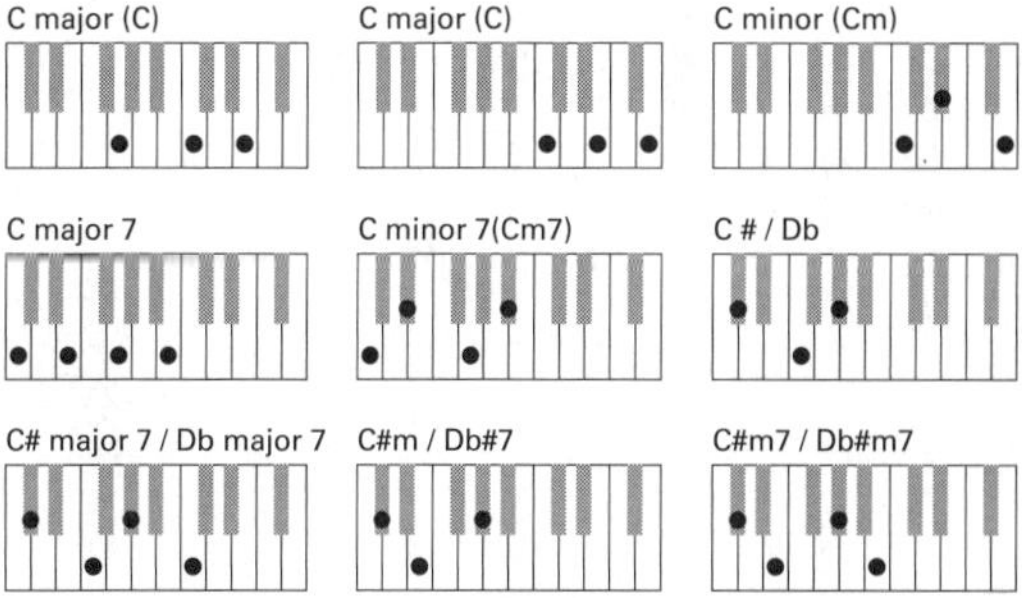

図3・3　さまざまなコード記号。すべて後述のラモーによって築かれた近代クラシック音楽の理論から来ている。

科学によって否定される「宇宙の音楽」

もともとクラシック音楽はヨーロッパの地域芸能に過ぎませんでした。

ところが、洋服や洋食と同じように、20世紀には世界中を支配するほどの力をもちます。クラシックの音楽理論が、他の音楽ジャンルの基礎になってしまったのです。

たとえば「C」（ドミソ）や「G」（ソシレ）といったコード記号や、長調（メジャー）と短調（マイナー）からなる調性システム（「ハ長調《シー・メジャー》」「ヘ短調《エフ・マイナー》」といった用語を聞いたことはありませんか?）——これらはポピュラー音楽やジャズでは絶対に欠かせませんが、すべてクラシックの理論に由来します（図3・3）。

先ほどもふれたように、音階や調律からして西洋とまったく違うはずの民族音楽でさえ、最近ではクラシックの理論が使われているほどで、世界中の音楽家を洗脳しているといっても過言ではありません。

いまだに音楽の分野では帝国主義が続いているわけです。

そしてこれは、アップデートされたＯＳのもと、西洋において音楽が科学的に思考されるようになったことに原因があります。

科学的思考を成り立たせる５つの条件を、ふたたび思い出してください（１３０ページ）。ケプラーが「宇宙の音楽」について思考したケースでは、これらの条件を部分的に満たしていたものの、科学としては不完全だったのを覚えておられるでしょう。

科学的に成功したのは、肉眼で見える天体の動きを観測したデータ処理の部分であって、空想的な仮説をまじえて組み立てた「宇宙の音楽」理論については、科学成立の原動力にはなれども結果としては大失敗でした。

「２つの惑星が１８０度の位置関係にあるから１オクターブの協和音を奏でている」と、いくら数学的にもっともらしく説明できたとしても、実験や観察を通して客観的に証明するのはまず不可能に近いためです。これでは科学的思考の条件を満たせません。

科学革命も終わり、人々が条件をすべて満たしながらものごとを思考するようになると、音楽は我々の耳に聞こえるものに限定されるようになりました。人間の五感、もしくは探知する機械でもってデータを確認できない対象は、数学的に扱うことも実験することも不可能だからです。

そうなると、「宇宙の音楽」は科学的な思考の対象外ということになってしまうので、存在を否定されるか、もしくは疑いの眼差しを向けられてしまいます。ですから科学的な発見が重なっていくにつれ、「宇宙の音楽」の旗色はどんどん悪くなっていきました。

それでも、しばらくは信じられていました。実際に宇宙に行けば音を確かめられるかもしれませんし、この宇宙には神の美しい御業《みわざ》が隠されていると信じる風潮も残っていましたから。

しかし、惑星に探査機を飛ばすまでになった現在では、プラトンはもちろん、ケプラーの理論も受け入れられることはありません。そんな音楽など宇宙のどこにも存在しないことを観測結果は示しているからです。

かくして、第１部でみた「宇宙の音楽」は、いまや否定されるべきものになってしまいました。

デカルトにならったラモーの音楽理論

しかしそのかわりに、科学に裏打ちされた、客観的な音楽理論をつくる動きが加速しました。

バッハと同世代に、**ジャン・フィリップ・ラモー**（１６８３〜１７６４）というフランスの大作曲家がいます。この人はデカルトの崇拝者のひとりで、作曲のかたわら、その哲学に影響を受けた音楽理論書を何冊も執筆しました。[*7]

なかでも、１７２２年に書いた『**和声論**』は記念碑的な著作です。

図３・４　ラモー

当時の科学的発見をもとにして理論を組み立てているのですが、特筆すべき点は、数字や記号を用いて楽曲を分析する手法を開発したことにあります。先ほどふれたコード記号にせよ調性システムにせよ、ラモーの理論がもとになっているのです。

ところで、彼が尊敬してやまなかったデカルトは、理論面のみならず実践面でも凄すぎるほどの人でした。

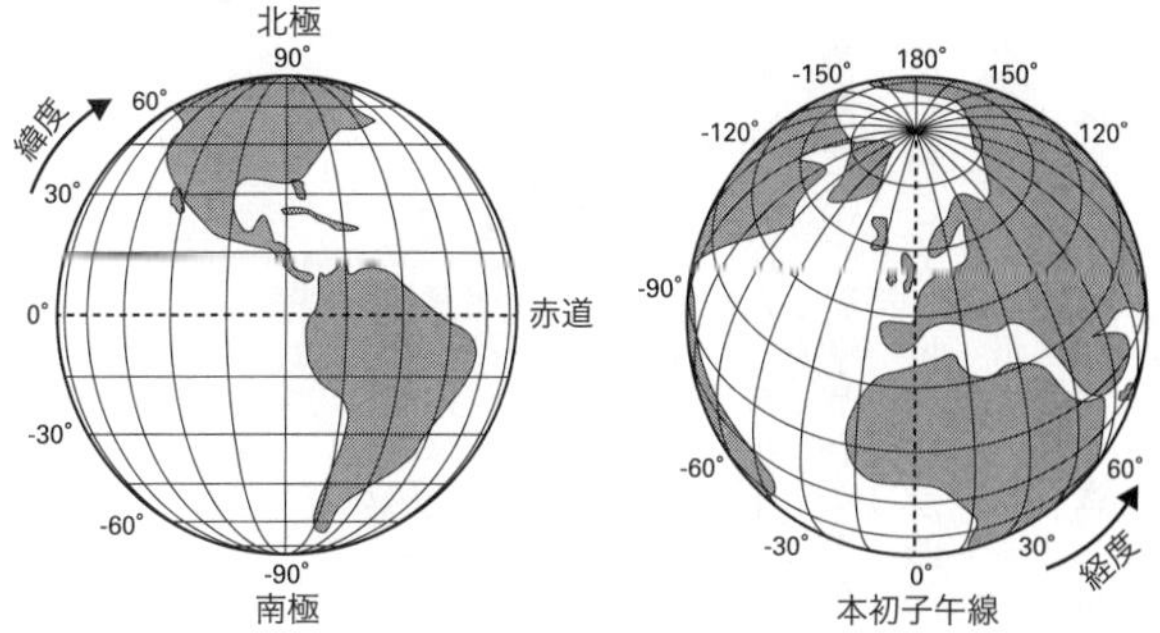

図３・5A　緯度と経度。デカルト座標を地球表面に応用したシステム。

皆さんは、中学校の数学で習った座標を覚えておられるでしょうか。（x, y）のように、ある位置を数の組み合わせで示すシステムでした。

実は、この座標を発明したのは他でもない、あの昼まで寝ていたニート哲学者なのです。ですから「**デカルト座標**」とも呼ばれますが、この発明はまさに、スコラ学から近代合理主義と結びついた科学への移行を象徴するものです。

たとえば、富士山の位置を議論するとします。

ここで権威ある国土地理院の地図をもち出しても、静岡県と山梨県どちらも論理的に正しく、答えがひとつになりません。まさにスコラ学の状態です。

しかし、山頂にある三角点を基準にした緯度・経度の数字——すなわち、デカルト座標を使って地球表面を分析したもの——で表現すれば、客観的なひとつの

図3・5B　地理座標系による富士山の所在。

答えとなります。もはや両県の皆さんが喧嘩する必要はありません。

ラモーが音楽理論でやり遂げたことは、これと一緒です。

数字と記号をもちいた共通の分析方法さえ学べば、西洋人やクリスチャンであることなど関係なく、その曲についての客観的な知識を獲得できるようになったのです。したがって、ラモーから後のクラシック音楽は、一定の手順をふみさえすれば誰もが論理的に納得できるようになっています。[*8]

この功績から、ラモーは〝音楽のアイザック・ニュートン〟とまで称《たた》えられました。彼は音楽において科学革命を果たしたヒーローなのです。[*9]

だからこそ、世界中が西洋に支配されていったように、新しいOSの洗礼を受けたクラシックの理論も全世界で普及しました。

誰にとっても納得できる理論ゆえに、アフリカ系アメリカ人に取り入れられてジャズで、ビートルズらに消化されてポピュラー音楽で、不可欠の存在となったわけです。

近代西洋OSがもつ強みとは

ここまでくると、〝外発的な〟開化だったがゆえに問題を抱えつつも、日本人がクラシックに共感し、それなりに演奏も出来てしまう理由がはっきりします。

デカルトらによってアップデートされたOSでクラシックが処理された結果、科学の成果とまったく同じように、**誰に対しても有効な説得力（普遍性）**を持ち合わせるようになったのです。もしくは、**客観性**という言葉でも言いかえられるでしょう。

座標であらわした富士山の位置は反論できないほどの説得力をもっていますが、ラモーが基礎をつくった和声理論でも同じです。オーケストラで無数の音が鳴っていても、それらがドミソの3種類にくくれるなら「Cコード」の記号ひとつで済んでしまいます。それに反対するのは無意味と思わせるほどの説得力です。

この説得力の原因を考えたとき、ふたつ指摘することができます。

ひとつ目は、デカルトの「理性は万人平等に与えられている」という宣言がヒントです（128ページ）。

スコラ学はキリスト教への帰依と理解が前提としてあったので、クリスチャンでない人が学問に参加することは不可能でした。

それに対してデカルトの主張は、異なる宗教を信仰しようが、性格破綻《はたん》者であろうが、そんなことに一切関係なく、理性をもつ人間なら誰でも真理にたどり着けることを意味します。すなわち、理性に信頼をおいたうえでの〝**知の平等宣言**〟であるということ。

要するに、近代西洋ＯＳのもとでは、地球上の誰にでも理解と実践ができるシステムが、必然的に目指されているのです。

ふたつ目は、もともと複雑なものごとを、**数字や記号をつかって単純化**するのに成功していること。

広大無辺な地球の表面、大人数のオーケストラが鳴らす音――これらを誰にでも分かるシンプルな数字や記号に置きかえています。ケプラーの法則にしても、全惑星の動きをたった一行の数式にまで単純化しているのです。

すなわち、科学には「現象を単純化して書きかえる性質」があります。

このふたつを鑑《かんが》みると、ラモー以降の近代化されたクラシック音楽が東洋人に対しても説得力を発揮することに不思議はありません。

理想的には、バッハを演奏するのにクリスチャンであることは必要でしょう。しかしそうでなくとも、音楽そのものを客観的に理解したうえで（だから楽しめます）、聴衆を感動させる演奏をすることは可能なのです。

また、クラシック音楽として世界中で親しまれている曲の大半が、後期バロック（ラモーの時代）以降に作曲されたものであることも、以上から説明がつきます。

普遍性と客観性を備えていること——これは近代西洋ＯＳの、大きな、とても大きな強みになりました。この強みによって、西洋は文化面においても世界を圧倒することになったのです。

世界中の人が一流になれるクラシック音楽

本章のエピグラフ、『荒城の月』の作曲者として有名な滝廉《れん》太郎《たろう》（１８７９～１９０３）の言葉は、この強みを端的に象徴しています。１９０１〔明治34〕年、留学先のドイツから、日本にいる友人へあてた手紙の一節から引用したものです。

現地の音楽大学で授業を受けてみて、和声理論（まさしくラモーが貢献した分野）は、たいていのドイツ人学生より、自分の方が上であると書いています。

廉太郎のそれまでの音楽教育は、開校したばかりの東京音楽学校にて施《ほどこ》されました。お雇い外国人や洋行帰りの教授らが教えてはいましたが、当時の資料を調べるかぎり、全般的にいって今では話にならないほど低いレベルだったようです。ピアノなど、楽器自体が希少な時代だったこともあり、とくに演奏面では厳しいものがありました。

図3・6　滝廉太郎。ドイツ留学から帰国直後。
写真提供：大分県竹田市

しかしながら廉太郎の言葉は、比較的みじかい期間の修練で、どうにか理論面では本場のライバルたちと互角以上で戦えたことを示しています。これは日本人として誇るべきことであると同時に、近代西洋ＯＳの強みを証明するものであることは、もう皆さんはお気付きでしょう。

ですから、作曲のように理論をどれだけ消化するかがモノをいう領域では、早くから世界レベルが現れます（残念ながら、廉太郎はそうなる前に早逝《そうせい》してしまいました）。

その筆頭が『赤とんぼ』で知られる**山田耕筰**《こうさく》（１８８６〜１９６５）でした。維新から50年もたたない１９１２［大正元］年、日本人初の交響曲となった『勝鬨《かちどき》と平和』をベルリンで発表して、当時の平均水準をやすやすと超える作品に仕上がっているのです。

　演奏面のレベルも、日本の教育環境が発展するにつれて向上していきました。世界的な大指揮者となられた**小澤征爾《せいじ》**先生（１９３５～／人気俳優・小澤征悦《ゆきよし》さんのお父様）のように、世界の頂点をきわめる音楽家さえ輩出されています。

　それは中国や韓国でも同じです。今となっては、欧米のプロオーケストラや音楽大学は、アジア人なしには経営が成り立たないほど、クラシック音楽はもはや西洋人だけのものではなくなりました。最近では、イスラム圏からも音楽家がどんどん誕生しています。

　一方で、歌舞伎や能楽などからは、いまだに一流の外国人の担い手が現れていません。もちろん、私はそれに対して良い悪いの評価をしようとしているわけではありませんが、この違いはやはり、近代西洋ＯＳの洗礼をどこまで受けたかに帰着することは確かです。

　本間宗久のローソク足チャートに、陰陽思想はあっても、数学や論理によ

図3・7　ニューヨーク滞在中の山田耕筰。1918年10月、カーネギーホールでコンサートを開き、自作を指揮した。（アメリカ議会図書館蔵）The Library of Congress / Public Domain

る法則性はありませんでした（81ページ）。

日本の伝統音楽も同じです。「陰音階」「陽音階」はあっても、それを数学と記号で単純化して、楽曲の本質をだれの目にも明らかにしようとする発想はなかったのです。そこはわざと曖昧にするのが邦楽であり、日本の美意識でしょう。

いずれにしても、近代西洋ＯＳがもつ強さの秘訣について、お分かり頂けたでしょうか。

第2節　もうひとつの欠かせない思考回路　～「自由」

「自由」について

近代西洋ＯＳの独特な強みが明らかになった今、それをインストールして大成功した我が国の物語へと、すぐにでも入りたいところです。

しかし、その前にもうひとつ、ステップを踏まなくてはなりません。明治以降の私たちがどう変わったのかを知るうえで絶対にはずせない思考プログラム——「自由」[*10]についてまだ語られていないからです。

　この言葉じたいは、デカルトの「我思う」のところで少しだけ顔を出しました（111ページ）。「自らに由る」――「（権威などを盲信せずに）**自分で考えて、決める**」という意味であることを覚えておられることでしょう。

　どうして第2部のここで説明するのかというと、ひとつは「宇宙の音楽」を通じての説明がしにくく、第1部にフィットしなかったこと。もうひとつは、本章にもってきた方が、皆さんに全体の流れを理解してもらいやすいことが理由です。

　なにはともあれ、「自由」と呼ばれる考え方の成り立ちと意義をみてみましょう。

中世ヨーロッパの絵画はヘタクソ？

「顔がみんな同じに見える。ヘタクソなのかな？」

「どうしてこんなに現実ばなれしているんだろう？」

　突然ですが、皆さんのなかには、中世ヨーロッパの絵画を鑑賞すると、このような感想をもつ方がいらっしゃるかもしれません。どうしてあんな風に造形されているのか、不思議に

図3・8　ドゥッチオ『荘厳の聖母（マエスタ）』（部分）

思われたことはないでしょうか。

おそらく描写技術や制作技法の未熟さもあったのでしょうが、それだけではありません。もっと切実な理由があります。宗教勢力の権威が強すぎて、画家や彫刻家がすべてを自分の思い通りに制作できなかったのです。

言いかえると、「このように描くべし！」と定められたルールや長年の慣習に従うのが当たり前で、現在のような芸術家として個性を出すという発想に乏しかったということ。

聖母子像なら、母子の表情には信仰される対象としての威厳があるべきとされ、両者の頭の周りには神格であることを示すように光輪《こうりん》を描くことが必須とされました。聖母マリアが官能的な美しさで描かれるなど絶対にあってはなりません[*11]（図3・8）。

また、外見であまり区別がつかないぶん、「イエスの胸に顔をうずめているのが聖ヨハネ」などと、やはり決まった約束事で登場人物を表現する手法がとられました。[*12]

要するに、わざと非現実的・非人間的な造形にさせることによって、信者に過度な親近感を抱かせず、宗教画としての威厳を保とうとしたということです。[*13]

そして約束事があるということは、「このお方が聖ヨハネじゃ、なぜなら……」のように、聖職者がありがたい知識を信徒たちへ〝教えられる〟ことを意味します。知識を独占することによって信徒を支配するのも中世キリスト教の特徴で、一般の人々は聖書を読むことさえ許されませんでした。なぜなら当時の聖書はラテン語で書かれているものしかなく、修道院もしくは大学で教育を受けた者しか読めなかったからです。[*14]

いずれにしても、第1章でもふれた通り、中世ヨーロッパでは教会によって個性の発揮が抑えられていました。

それが変化しはじめたのは中世末期の14世紀ごろ、古代ギリシャ・ローマの文化を復興させて〝人間らしさ〟を取り戻そうとする**ルネサンス**（「復活」「再生」という意味）の運動が始まってからです。

そして、このルネサンスこそ、西洋人に「自由」の思考を芽生えさせる原因になりました。

この経緯《いきさつ》について、もう少し探ってみましょう。

ルネサンス運動がもたらしたもの

まず知らねばならないのは、「罪深き人間」というキリスト教の教えです。

天地創造の締めくくりとして最初の人間**アダムとイブ**を創った神は、2人をエデンの楽園に住まわせました。しかしヘビにそそのかされて、決して食べてはならないと命令されていた「善悪を知ることのできる果実[*15]」を口にしてしまいます。すると、それまで裸でいることを気にしなかったのに、急にそれが悪いことのように思いはじめ、2人は局部を葉っぱで隠すようになりました。

それを知った神は激怒し、エデンから彼らを追放してしまいます。しかもその罰として、女性にはお産の苦しみと男に支配される運命を、男性には死ぬまで汗して働かなければ食料を手に入れられない運命を与えたのです。

これをキリスト教では、人類がはじめて犯した罪、神への裏切りとして「**原罪**」と呼びます。

第1部でみたように、人間はたしかに優秀な魂と理性をもち、神をのぞく全生物の頂点に立っているのですが、原罪ゆえに堕落した、罪深き存在でもあるということです。

したがって、教会の力が強かった中世までは、人間そのものを素晴らしい存在としてポジティブにとらえる発想は一般的ではありませんでした。人間らしさや個性の発揮を求められる時代ではなかったのです。

一方で、古代ギリシャ・ローマの文化はどうでしょう。音楽の場合、古代の演奏については不明な部分が多すぎるので、やはり美術分野を例にひかせて下さい。

図3・9　『ラオコーン像』

古代ギリシャ・ローマ美術の傑作、たとえば、2人の息子とともに海蛇に殺される神官を圧倒的な臨場感で彫刻にした『ラオコーン像』（図3・9）や、軽やかなのに神々しい美しさとエロティシズムに満ちている『サモトラケのニケ』[*16]（図3・10、次ページ）を見ると、中世ヨーロッパ美術とは違って、登場人物たちの鼓動がリアルに聞こえてきます。

つまり、〝**人間が中心**〟なのです。

長いあいだ教会の掟《おきて》にくぎ付けにされていたヨーロッパ人たちにとって、それはさぞかし新鮮だったに違いありません。だからこそ、中世末期に再発見されはじめるやいなや、彼らは古代ギリシャ・ローマ文化の復興につとめたというわけです。

ルネサンス絵画には、その成果がよく表れています。中世絵画と比べると、**ラファエロ・サンティ**（1483〜1520）の聖母子像（図3・11）は人間そのもので、親近感がまるで違います。光輪は描かれているものの、非常にうっすらです。**レオナルド・ダ・ヴィンチ**

図3・10 『サモトラケのニケ』（上：全体。下：胴体部分）。今にも軽やかに降りたとうとする勝利の女神だが、細部を見れば上衣のひだが豊満な肉体をほのめかす。

（１４５２～１５１９）の『最後の晩餐《ばんさん》』（１８３ページ）になると、イエスおよび弟子のひとりひとりに個性的な表情と動作が与えられており、光輪は描かれてさえいません。

このルネサンス運動は、思考ＯＳのアップデートが起こる近代初頭まで継続しました。ただし、教会の過剰な干渉に対して距離を置いたものの、べつに対立しようとしたわけではなく、信仰の篤《あつ》さそのものは変わりないことに注意しましょう。

図3・11　ラファエロ『大公の聖母』（部分）

だいいちデカルトの登場よりも前に起こっていた運動です。つまりスコラ学の時代であって、やはり何ごとも、最終的にはキリスト教が登場してきます。

〝自我の目覚め〟から「自由」へ

それでも、この運動によって人間を肯定する風潮がヨーロッパに広まったのは、決定的に重要です。

その肯定感は、ひとりの人間である自分自身も当然ふくまれるので、〝自我の目覚め〟へとつながります。

「自分とは何者だろう」と探求し、**〝自分らしさ〟**を追求する思考習慣が、これ以降の西洋において顕著になってくるのです。

ゆえに政治分野では、人間として生きるうえでの権利**（人権）**への意識が高まることになります。現代の欧米諸国は、とくに彼らに苦しめられた歴史をもつ国々からみると偽善的に感じられるほど人権を主張しますが、その思考回路の大元《おおもと》はルネサンス運動にあるのです。

また、芸術分野では、人間の個性を描くことに価値が置かれるようになりました。

「お前たちの中のひとりが私を裏切るであろう」――弟子たちにイエスがこう告げた瞬間をとらえた『最後の晩餐』をもう一度ご覧ください（図3・12）。

イエスの諦《あきら》めと許しに満ちた表情、「裏切るはずなんかない！」と食ってかかる激情家の聖ペテロ、心の闇を反映してただひとり逆光ぎみに顔が描かれた裏切り者ユダ、「もう一度おっしゃって下さい」と指を立てる疑いぶかい性格の聖トマス……[*17]。

何ともリアルな人間としてのドラマが、そこにあるではありませんか。

中世まっただ中であれば、「やり過ぎで神性をそこなう」とレオナルドは罰せられたことでしょう。ところが人間を肯定し、自我に目覚めた近代以降の価値観では、これが名画中の名画と評価されるわけです。

図3・12　レオナルド『最後の晩餐』。①イエス　②ペテロ　③ユダ　④トマス

このように〝人間の肯定〟から〝自我の目覚め〟の段階へと進むなら、「自由」であることを理想とする考え方が生まれるのは時間の問題でしょう。ひとりひとりの自我を尊重していくには、自分でものごとを決めることが肝要ですから。

本書では、〝自我の目覚め〟から発展した思考回路はすべて、「**自由**」の語で代表させることにします。人権や個性を声高にとなえる習慣にしたところで、それぞれが自由な存在であることが前提とされるためです。

ルネサンスにおいて人間らしさを取り戻すことからスタートした「自由」の精神は、時代が下るにつれて、ますます尊重されるようになりました。

デカルトの「我思う」（〝考える自由〟）にしても、考えるうえでの根拠を**自意識**においたのですから、その流れを哲学的に突きつめた主張です。

政治分野ではもっと歴然と形になりました。ちょうどニュートンが科学革命を完成させていた１６８９年のイギリスでは、国民の権利と自由を定めた権利章典が採択されています。18世紀になると、「自由の追求」をうたったアメリカ独立宣言、そして「自由・平等・法治」を保障したフランス人権宣言と、現在とほぼ同じ形にまで進化しました（当初、それが適用されるのは白人の男性に限られていたわけですが）。

こうして「自由」は、西洋人にとって不可欠な思考回路となりました。つまり、第1部で成り立ちを追った西洋人の思考ＯＳに、近代から「自由」が加わったということです。

その結果、前節でみた近代西洋ＯＳ独自の強みは、凄まじい相乗効果を得ることになりました。西洋はおろか、帝国主義によって西洋から支配された国々、もしくはそのＯＳを輸入した国々まで――つまり、世界そのものをガラリと変えてしまうほどのインパクトをもたらしたのです。

それでは、いよいよ日本人の物語へと入りましょう。

第３節　合理的に実現できるようになった私たちの夢

明治維新の偉大さ

１８６８年に始まる明治維新は、近代化（近代西洋ＯＳのインストールと起動）を短期間で、しかも西洋の植民地になることなく成し遂げたという点で、世界史でも特筆される事業でした。

私がジョージ・ワシントン大学で近現代史を受講したとき、通常であればEmperor《エンペラー》 Meiji《メイジ》と表記されるべき明治天皇が、Meiji《メイジ》 the《ザ》 Great《グレート》（明治大帝）として紹介されたことに、明治という時代の国際的な評価について再認識したものです。

その成功の最大の要因は、前節でご紹介した「自由」を、ある程度のレベルで早くに実現できたことにあります。

福岡県は田川市に生まれた私を例にとって、ご説明しましょう。

もしも幕末、私がおなじ地に生まれていたら、そのころ豊前《ぶぜん》の国を治めていた小笠原家の領民となります。それは小笠原家の支配が続くかぎり、変わることはありません（江戸にいる徳川将軍家は、あくまでもすべての殿さまの盟主であって、彼らの領地を直接的に治めていたわけではないのです）。

そして、農民に生まれたら、私は死ぬまで農民です。武士に生まれたとしても、ほかの家に仕えることはまず考えられませんし、許可なく国外に出ると脱藩《だっぱん》の罪に問われました。

領主が土地を所有して、その土地の住人を統治する――これが**封建《ほうけん》制度**です。

そこには基本的に、移動の自由も、職業選択の自由もありません。私は小笠原家の所有物ですから、自分に与えられている土地を勝手に離れたり売ったりもできず、身分制度にしたがって、お上《かみ》の理不尽な要求にも応《こた》えなければならないのです。

この状態が、明治維新と呼ばれる一連の改革によって崩壊しました。

まず明治2年の版籍奉還《はんせきほうかん》で、土地と人民が国のモノとなります。さらにその2年後、廃藩《はいはん》置県《ちけん》を断行したことで小笠原家の支配に終止符がうたれ、中央政府が治める「県」（明治9年に福岡県に編入）となったのです。戸籍が整備され、米による年貢ではなく、固定資産にもとづいて金銭で租税を納めるようになったのも同時期。

結果として、税金さえ払えば土地を私有することも、土地を売って引っ越しすることも、農民ではなく音楽家になることも、自分で選択できる世の中へと突入しました。

もちろん、21世紀から見ると不完全で、深刻な問題が数多くあったことには間違いありません。それでも、「自由」がとうとう日本に入りこんできたわけです。

実際、滝廉太郎は父親の猛反対を押し切って東京音楽学校に入学しています。滝家は代々家老という上級武士でしたから、江戸時代までだったら職業音楽家（身分がとても低かった）を目指すなど絶対に許されません。[*18]

そのようなことが可能になったのは、ひとえに明治維新のおかげなのです。

これは世界的にみると本当に驚くべきことでした。ルネサンスで自我を目覚めさせて以来、西洋人が年月をかけ、ときに戦争や革命で血を流しながら勝ち取った社会制度を、たった数十年ほどの期間でおおかた整えてしまったのですから。

今でも自由を求めて闘争している国々があることからも、明治維新はきわめて特異なケースだったことが分かるでしょう。

人々の心に火をつける「自由」

それにしても、ある程度の「自由」をはやい段階で実現させたことが、どうして維新が成功した第一の要因になるのでしょうか。明治初頭にベストセラーとなった2冊の本から、理由を探ってみましょう。

まず1冊目は、明治5年に初編が刊行された**福沢諭吉**（1835〜1901）の**『学問のすゝめ』**。人間の平等をうたった冒頭の一節、「天は人の上に人をつくらず、人の下に人をつくらず」が知られています（図3・13）。

これだけを抜き出すと美しい宣言のように聞こえますが、実はそんなに甘いものではありません。私なりに諭吉の主張をかみ砕いてみます。

> 西洋人が我々に伝えるところによると、神は人間を平等につくっている。しかし現実をみれば、金持ちと貧乏人がいる。高潔な人間もいれば下品な人間もいる。
> この違いはどこから生じるのか？　――それは学んでいるかどうかに尽きる。
>
> （『学問のすゝめ』冒頭部を要約・一部改変[*19]）

つまり諭吉は、生まれた後については〝格差〟を認めたうえで、それは学問によって生じると主張しているのです。

それを逆にいえば、維新によって「自由」な世の中になった今、もはや生まれによって人生が決まらないのだから、学問さえすれば勝ち抜けることを意味しています。

だからこそ〝学問のすすめ〟なのです。

2冊目は、**中村正直**《まさなお》（1832〜91）による『**西国立志編**《さいごくりつしへん》』（明治3年刊）。これは苦学しながら大成功した欧米人の事例を山ほど集めたもので、もともと1859年にイギリスで出版された著作[20]を翻訳したものです。

この本の序文にある有名な言葉が、「天は自ら助くる者を助く」。つまり**自助努力**によって自分の運命は切りひらけるのだと人々に伝えています。

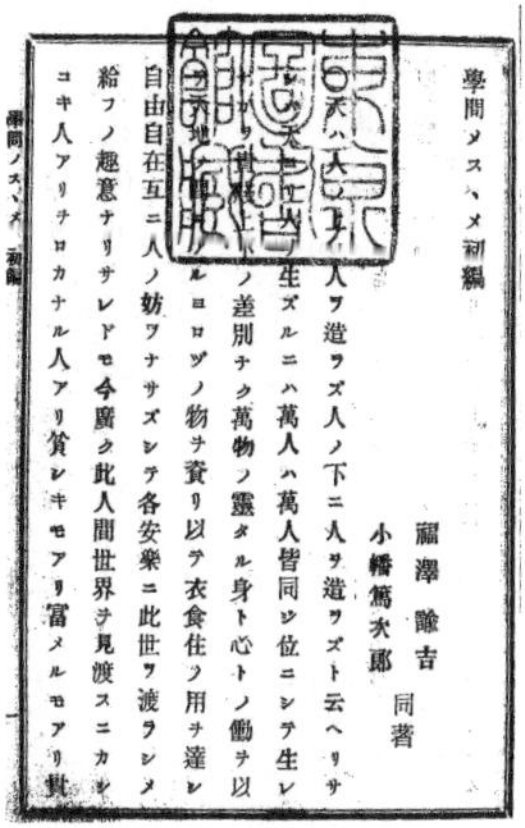
學問ノスヽメ初編

福澤諭吉
小幡篤次郎　同著

人ヲ造ラズ人ノ下ニ人ヲ造ラズト云ヘリサ
生ズルニハ萬人ハ萬人皆同シ位ニシテ生レ
ノ差別ナク萬物ノ靈タル身ト心トノ働ヲ以
ルヨロヅノ物ヲ資リ以テ衣食住ノ用ヲ達シ
自由自在互ニ人ノ妨ヲナサズシテ各安樂ニ此世ヲ渡ラシメ
給フノ趣意ナリサレドモ今廣ク此人間世界ヲ見渡スニカシ
コキ人アリヲロカナル人アリ貧シキモアリ富メルモアリ貴

學問ノスヽメ　初編

図3・13　『学問のすゝめ』冒頭。国会図書館デジタルコレクション『学問ノスゝメ』（https://dl.ndl.go.jp/info:ndljp/pid/808242）

若干の例外はあるものの、江戸時代には身分がおおかた固定化されていました。2

５０年以上も、〃自身の分《ぶ》〃をわきまえて生きることが美徳とされてきた日本人にとって、これらの本はさぞかし衝撃だったことでしょう。同時に、「これからは頑張りさえすれば、自分だって今までにない成功ができる！」と、希望を与えたはずです。

『西国立志編』はミリオンセラーを記録。『学問のすゝめ』にいたっては、当時の少なくとも10人にひとりが読んだ計算になるといいますから、現在なら１２００万部です。「自由」に目覚めた日本人の熱狂ぶりが伝わってくるではありませんか。

どんな逆境におかれても、しっかり西洋の知恵を学び、試験や社会での競争を勝ち抜く――そうすれば、人並み、いやそれ以上の報酬、名誉、地位が手に入る。つまり、**立身出世**が人々の一般的なあこがれ、目指すべきものになりました。

要するに、「自分の人生は自分で決め、努力次第で変えられる」ことを旨《むね》とする「自由」が広まって、まがりなりにも社会制度がそれを反映したものに改革されたことで、日本人の心に火がついたのです。それがアジア唯一の超大国となる原動力となりました。

別の表現をすれば、**自由競争**と結びついた相乗効果で、近代西洋ＯＳがその独自の強みを凄まじく発揮した結果、日本はじめ世界をガラリと変えてしまったということです。

余談ながら、ここが欠けていた中国は、本来アジアの超大国であるべきにもかかわらず、後進国に甘んじることになります。

明治維新とほぼ同時期に**洋務《ようむ》運動**と呼ばれるキャンペーンを展開して、西洋の科学技術を導入しようとしましたが、昔ながらの制度はそのままであったゆえに成果に乏しいものでした。封建的な体制のまま、お役目として西洋の技術を勉強させられるだけでは、モチベーションが低くとどまってしまうのです。結局、1894［明治27］年からの日清戦争では日本に大敗してしまいます（図3・14）。

図3・14　中国の洋務運動。南京の金陵機器製造局で自国製造した大砲。

会社でもオーケストラでもそうですが、上から計画的に役目を押し付けられるだけでは、せっかくの良いアイディアも結果が出ないものなのです。

日本にしても昭和10年代、軍部や革新官僚によって産業が国家の統制下におかれ、「自由」が制限されはじめるのと軌を一にして、没落への道をたどってしまいます。[*21]

近代西洋ＯＳによる夢へ向けての人生プラン

それはさておき、「自由」をとり入れたということは、明治人が自我に目覚め、自分らしさを追求し始めたことを意味します。そして戦後になると、それは「**夢**」や「**個性**」なる用語で強調されるようになりました。

平成から令和の時代においては、

「夢をかなえることが人生の成功であり、幸せ」

「個性を伸ばすことが成功へのカギ」

といった合言葉を、もはや誰も疑っていません。

近代人の人生とは、自分の夢をかなえること、すなわち「**自己実現**」へ向けて計画されるものなのです。それも、近代西洋ＯＳによって動いている教育や社会システムのおかげで、とても合理的に計画が実行できるようになっています。

つまり、こういうことです。

私たちは物心がつくやいなや、将来の夢（＝職業）について考えるように勧《すす》められます。

もしくは、夢の実現（＝就職）に有利と思われる学校をめざすことを求められます（実状としては、親や教育によって、子供がそう仕向けられているといった方が正確なのでしょうけれど）。

その過程において、私たちは数々のテスト――試験・試合・オーディション・コンクールなど――を受けるでしょう。夢や学校に対する自分の**適性**（＝個性）を確認するためです。

そこで使われるのが科学的な手法です。デカルト座標で表現した富士山の位置のように、**成績**や**偏差値**といった数字によって、自分のおおよその能力や適性をひと目で知ることができるとされています。そして、テストから判明した自分に足りない部分を努力で埋めていくのです。

どうしても適正がない場合は、自分に見合った夢を別に探すことになるでしょう。学歴や専門分野での実績を重視するのが、もはや世間の常識となっていますから。

社会に出てからもやるべきことは同じ。就職や昇進、転職といった適正テストが待ちかまえています。自分がつちかった個性を活かして、誰でもひと目で分かる結果――順位や成績のかわりに売上やフォロワー数など――を出すことでそれらを突破し、夢へ近づこうとするのです。

こうした人生のプロセスに身をおくうち、私たちの思考は、近代西洋ＯＳに知らず知らず支配されていきます。

たとえば、主観的な自分（自分が思う自分）と客観的な自分（指標が教えてくれる自分）の違いに、テスト結果などで一喜一憂するのは、まさしく近代合理主義の思考回路ゆえです。現状や将来を分析するために、多かれ少なかれ科学的な思考に頼るようにもなります。自分の専門性を高めることで、夢の達成を早めようともするでしょう。

いずれにせよ、合理的な人生プランのもとで個性をきたえ、社会生活に活かすことで自分の夢をかなえる——これが現在の日本人が受け入れている一般的な自己実現の方法であって、今では世界中どこでも基本路線は一緒です。

指揮者になる夢をかなえた私のケースで、具体的に確認してみましょう。

遅くして指揮者になった私の場合①　プロデビューまで

「指揮者になろう」——そう決心したとき、私はジョージ・ワシントン大学の国際関係学部を卒業したばかりで、ふつうなら社会人を始めるべき23歳になっていました。

小さい頃から音楽は身近にあったものの、私はずっと指揮者になりたかったわけではありません。国連で平和維持の仕事をやりたくて大学生活を送っていたら、ひょんなことから音楽に目覚めてしまったのです。

ですから、遅いタイミングで出てきた新しい夢に向き合うにあたって、私は人生プランの再設計を迫られました。

ところで、指揮者とはおそらく皆さんが思っている以上に厳しい職業です。レベルの高いプロオーケストラになるほど、一流の音楽大学の出身者ばかりで、自分よりも経験豊富な音楽家を何十人もリードしなくてはなりません。みなアーティストですから、ひと癖もふた癖もある集団です。

今はどうか知りませんが、むかしのウィーン・フィルハーモニー管弦楽団（世界最高峰のひとつ）など、自分たちが嫌いな指揮者がきたら、指揮を無視するのは序の口で、お客さんが分からない程度のミスをわざとくり返すなど、人間性が疑われるようなハラスメントをもって遇《ぐう》することがありました[*22]。

つまり音楽家から本当に認められないと、指揮者の肩書だけではプロの世界でやっていけないのです。プロの若手指揮者がおかれる環境とは、新卒者がひとつの部署をいきなり率いるようなもの——こうたとえると厳しさがお分かり頂けるでしょうか。

そこで私は、自分の個性（＝指揮者としての適正）を伸ばすために、音楽大学に入り直すことにしました。実のところ、ジョージ・ワシントン大学では国際関係とともに音楽の学位も取得したのですが、総合大学の音楽課程を修了した程度では、プロとしての適性を認められないだろうと判断したのです。

私は政治の街ワシントンから芸術の最先端ニューヨークに引っ越し、ジュリアード音楽院とマネス音楽院の夜間部に籍をおいて、大学レベルを基礎から徹底的にやり直しました。

それが終わったら大学院指揮科の受験です[*23]。指揮科を出ているのといないのとでは、専門能力はもちろん、信用力にも格段の違いがあります。採用要項に「指揮で修士号以上を取得している者を優先する」と明記される場合もあるほどですから、私の自己実現には不可欠だったのです。

これが難関でした。いかに大きなオーケストラでも指揮者はひとりしか要りませんから、指揮科にしても定員が1名、多くても数名という狭き門になっているからです。

恥ずかしながら、ここで私は二浪もしてしまいますが、最終的にはアーロン・コープランド音楽院（ニューヨーク）の指揮科に進学することができました。

大学院では自分の専門的な適性をのばすべく、ほぼすべてのクラスで〝A〟（優等）を取って、卒業時に表彰されるほど勉強しました。それと並行しながら、学内外のコンサートを

図3・15　カーネギーホールでのリハーサル（2013年）　Photo Courtesy of Carnegie Hall

指揮することで実践経験をつみます。

また、これからの指揮者はプロデュースや運営の能力も求められると予測して、イベント企画をみずから始めたのも大学院時代でした。成功をより確実にするために、〝プラス・アルファ〟の個性を自分に加えようとしたのです。

このような努力が報われたのでしょう。大学院2年目（29歳）のとき、師匠が病気でもないのに、自分のオペラ公演の代役として私を立ててくれたことがきっかけで、思いがけないプロデビューを飾ることができました。

しかも、その公演をみた方の推薦による突然の出演依頼が舞いこみ、わずか3ヵ月後に、私はなんと〝音楽の殿堂〟カーネギーホールの舞台に立ってしまったのです（以後、カーネギーホールとは長いお付き合いとなります）。

私が人より遅く立てた夢の実現は、こうして6年かけて、最後には見込んだ若手にチャンスを与えるアメリカ文化に助けられるかたちで、第一段階を修了したのでした。

遅くして指揮者になった私の場合②　リーダーシップに活路を見いだす

次に、自分の個性を活かして実績をあげる第二段階です。

一般の方ならここからが社会人生活、皆さんが昇進や転職などの手段で自分のステータスを上げようとされるように、私も一流の指揮者をめざして努力を続けなければなりません。ただし、ほかの指揮者とはやや違った方針をとることで実績をあげました。というのは、ニューヨークという土地がらもあって、多国籍多人種からなる初対面どうしのグループを、リハーサル1回～数回といった超短期間で一気に仕上げてしまう仕事を数多くこなすうち、それを高い水準でやりとげる私の手腕を、プロデューサーたちが買ってくれるようになったのです。

1人しか立てない指揮台をめぐる競争にうち勝てるだけの個性――それがリーダーシップの能力にあることを察知した私は、ふつう指揮者がするように常設オーケストラの座付きを目指すのではなく、イベントやプロジェクトを的確に成功させる指導力を前面に出していくことにしました。

さらに、ジョージ・ワシントン大学時代の夢も活かせることに気付いてからは、平和コン

図３・16　国連旗（舞台後方）のもとで平和コンサートを指揮。2014年ハーモニーフォーピース国際平和デーコンサート。
（主催：米国財団法人ハーモニーフォーピース財団、後援／協力：国連協会・ペンシルベニア州・フィラデルフィア市ほか）Photo Courtesy of Harmony For Peace Foundation. 2014 International Peace Day Concert presented by the Foundation; Supported and Partnered by City of Philadelphia, Commonwealth of Pennsylvania, and United Nations Association.

サートや社会活動にかかわるようになります。

２０１４年、国連が定めている「国際平和デー」の祝賀コンサートで、核保有国や紛争地域から集まった１５０名を超える子供や音楽家――日本人は私ひとりでした――を指揮した仕事は、その方針のもとであげた実績のひとつです（図３・16）。

このときも全員そろってのリハーサルは当日の1回のみ。しかし大成功で、全員の心がひとつになった感動的な演奏にすることができました。

「君はまるで日本人じゃないね！」

終演後、私のリーダーシップに感心

した参加者のひとりが、こう声をかけてきてくれたのを覚えています。

強いリーダーシップを支えるもの

人種や民族に関係なく、私がリーダーシップを発揮できた最大の理由は、第一段階で身につけた近代西洋ＯＳをフル活用していたからです。

ふつうの音楽家と違って、ジョージ・ワシントン大学で国際関係学を学んだときに、ものごとを論理的に追求する訓練を受けていたことも幸いしました。

たとえば、リハーサルに臨《のぞ》むまでに、指揮する曲にデカルト流の詳細な分析をほどこして、自分の解釈の根拠をすべて合理的に説明できるようにしていました（言うまでもなく、そこではラモーによって土台が築かれた和声理論が大活躍します）（図3・17）。

これは皆さんがプレゼンをするとき、矛盾がないように論旨を組み立て、それを科学的なデータで補強するようなものです。

くわえて私の場合、奏法や注意点などをパート譜（オーケストラの奏者が使う楽譜）に書きこんで、自分の解釈を奏者に徹底してもらいました。こうしておけば、リハーサルでいちい

図３・17　筆者の楽曲分析ノートより（シューマン『交響曲第４番』）

図3・18　筆者が奏者に配るバイオリンパート譜（モーツァルト『交響曲第29番』）

ち止めて修正する時間が大幅に節約できます（図3・18）。

こちらはプレゼン用の資料を作成する、もしくは作業マニュアルを配るようなものでしょう。

自分の指揮テクニックにしても、身体の動作を解剖学的に分析することで奏者が見やすいジェスチャーを開発する、といった方式です。目線や口調といった音楽以外の要素もおなじ。すべて合理的に、リーダーらしい説得力を追求しました。

もうお分かりでしょうか。

第1節でふれた通り、近代西洋OSを活用する強みは、誰に対しても有効な説得力（普遍性）を持てることでした。したがって、それで自分をうまく武装すれば、相手がどんな人種や民族であろうと、「これなら従える」と納得させるだけのものを提示できるわけです。

そして実際に、遅いスタートを切った日本人指揮者の私にも、近代西洋ＯＳはちゃんと強みを発揮して、国際的なリーダーシップを支えてくれました。かつて、滝廉太郎がドイツ人学生に対抗できたように。

なぜ日本人はリーダーシップの発揮が苦手なのか？

ちなみに、ときおりリーダーシップ講座をひらく私が観察するかぎり、日本人がリーダーシップに大きな弱点をかかえる原因のひとつは、夏目漱石がまさに指摘した点にあります。すなわち、近代西洋ＯＳのシステムで育っているにもかかわらず、（第1部でみた）その根本的な部分に対する理解と消化に乏しく、思考を鍛《きた》えるにあたって表面的な訓練しか受けていないからです。

近代西洋の教育を日本風にして取り入れた、私たちが受ける訓練を思い出してください。

議論はおろか質問さえ珍しい授業、暗記偏重にならざるをえないテスト形式、○×で点数をつける二者択一の評価法……。

これでは西洋的な思考の原点ともいえる理性（49ページ）を適切に訓練できるはずがありません。

ですから我が国では自然と、その強みを十分に活かしきれない方が多数派になってしまうのです。政治や経営など、万人への説得力が必要とされる分野では、その影響が大きく出てしまいます。

（そしてリーダーの力不足をカバーするのは、日本人特有の強い忍耐力と規律を守る性質です。コロナウイルス対策でも、日本政府が出した政策の有効性ではなく、国民性に焦点をあてる分析が海外では目立ちました。私も同じ立場です）

私たちの常識や社会システムの源泉

話がやや逸《そ》れましたが、近代西洋ＯＳにおける人生プランの具体例として、私のケースをかいつまんでお話ししました。

こうしてみると、私の経歴が型破りなのは見た目だけで、人生プランとしては典型的な道を選んできたことが分かります。経営に関わるためにＭＢＡ（経営学修士）を取り、企業を渡り歩いて実績をつむのと基本は変わりません。

さて、いかがだったでしょうか。

好きな夢をもつこと・個性をみがくこと・人生の成功と幸せ・受験システム・競争して勝ち残ること……。

私たちにとっては当たり前になっている有形無形のものごとが、近代西洋OSを輸入した結果として生まれたことを、皆さんにも実感して頂けたでしょうか。

それでは、最後に本章のまとめに入りましょう。

エピローグ

この数百年というもの、世界に圧倒的な影響力を及ぼしている近代西洋文明――その思考OSの素晴らしさは、誰に対しても強い説得力をもっていることにあります。言いかえれば、普遍的かつ客観的であることです。

学びさえすれば誰もが使えてしまう科学はその最たるもので、世界のありさまを根本から変えてしまいました。今では科学が発達したおかげで、コロナ禍のニューヨークで隔離生活を余儀なくされていても、東京の編集者さんとこの本をつくる作業ができるほどです。

それは音楽でも同じ。

科学によって「宇宙の音楽」は否定されてしまったものの、その成果をもとにした近代のクラシック音楽は、適切なステップさえ踏めば東洋人にでも習得が容易なうえ、その理論は世界のあらゆる音楽ジャンルで活躍しています。

私たちはこのＯＳを明治維新で使い始めるわけですが、「自分であること」「自分らしさ」といった自我の目覚めに根拠をおく「自由」を、当時なりの水準ながら政府が社会制度として保障したことで、それは世界史に特筆される大成功をおさめました。封建制度の時代ではありえなかった「自由」によって、人々の競争心や功名心が刺激され、そのＯＳがもつ強みが遺憾《いかん》なく発揮されたのです。

好きな夢をもって、個性をのばし、それを社会で活かして成功する――維新から１５０年たった今ではこれが〝幸せな人生〟として受け入れられ、先ほど私自身の例で示したように、それを合理的に実現できる社会システムが構築されています。

そして日本でも欧米でも、このシステムで勝ち残ることが〝人生の成功〟とされてきたわけです。

＊

この常識のおかげで、極東にある小さな島国は、世界でも有数の経済大国へと変貌しました。

ちなみに、アメリカには世界中から留学生が集まりますが、卒業後に本国に帰りたがる人がいるのは、日本人と一部のヨーロッパ人くらいです。何だかんだいっても日本は平和で、世界水準以上の豊かさで暮らせる国になっています。

こうして豊かになるからこそ、世界中が明治維新のような近代化を試みてきました。

その結果はデータから明らかです。世界人口に占める貧困者の割合は、１８２０年に94％もあったのに対して、２０１５年には９・６％まで下がっています（図３・19、次ページ）。

つまり、近代化が正しく機能してくれたことに疑いの余地はありません。

近代西洋ＯＳからくる常識の枠のなかで生きるかぎり、物質的な豊かさ――それは大半の人にとって、成功や幸せと同じもの――が手に入ってくるのです。

おそらく皆さんも、そうして毎日を頑張られてきたのではないでしょうか。

18歳から〝アメリカで暮らす私もおなじです。「数字や結果を出せることが凄いのだ」とばかりに〝自己実現の鬼〟と化して奮闘してきました。

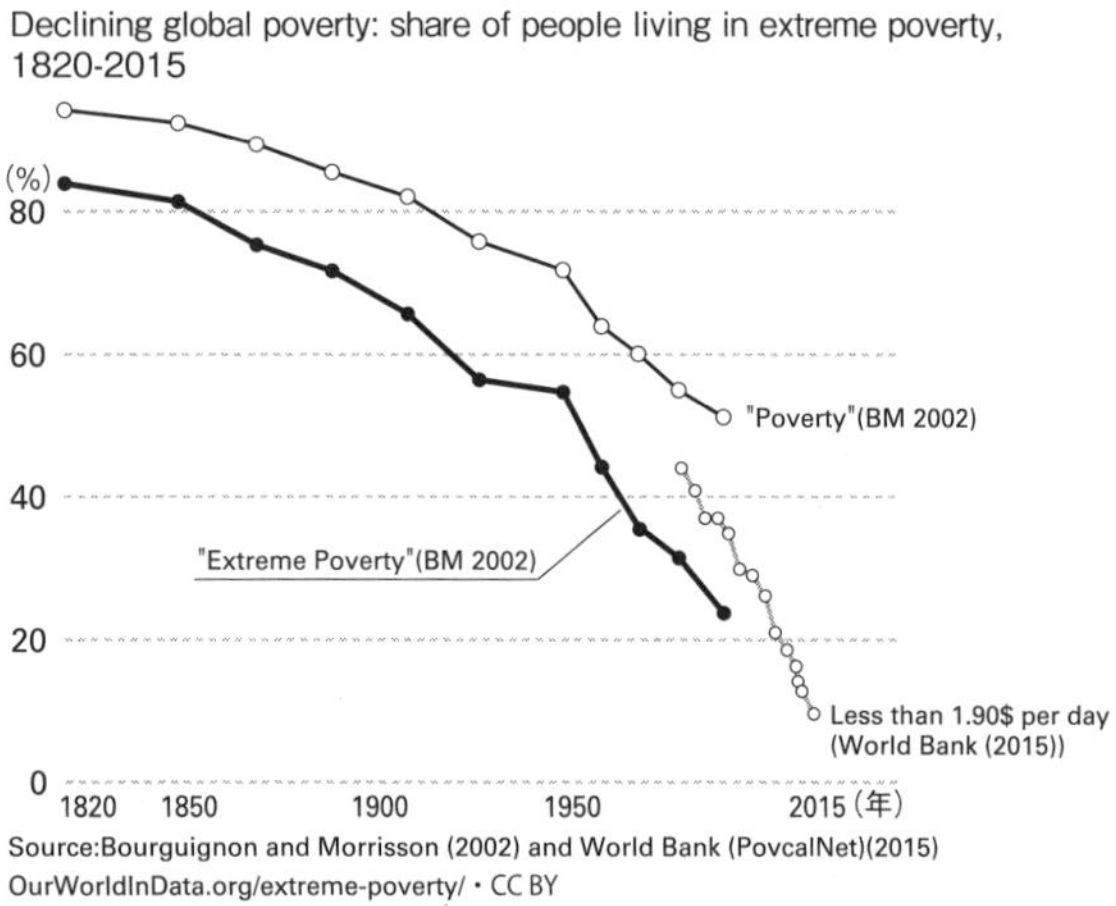

図3・19　世界人口に占める貧困者の割合（1820年〜2015年）。複数のリサーチを組み合わせたグラフ。一番上の線が、1日2ドル（1985年購買力平価）以下で暮らす人口の割合で、1820〜1992年のデータ。一番右の線が、1日1.90ドル（2011年購買力平価）以下で暮らす人口の割合で、1981年〜2015年のデータ。なお、左下の線は1日1ドル（1985年購買力平価）以下で暮らす人口の割合。（オックスフォード大学を拠点とするOur World in Dataが公開するデータより。詳しくはourworldindata.orgで閲覧可能）

＊

それなのに、最近は閉塞感《へいそくかん》がただよいます。

私たちが当たり前に受け入れてきた常識が、世界中でうまくいかなくなってきたのです。

それどころか、これまでとは真逆の考え方でうまくいくことも増え、かんたんに順応できない大人を苦しめます。「はじめに」でふれた通りです。

その原因はいったい何でしょうか。

次章では近代西洋ＯＳの問題点を探っていくわけですが、そこである程度の答えが出せることでしょう。

私たちの旅は、そろそろ佳境に入ってきました。

〈本章エピグラフの出典〉

明治34年11月17日付の鈴木毅一宛ての滝廉太郎書簡より。筆者が現代語に意訳した。

原文は、「Harmonie は意外に皆了解にぶく、且又既にヴイオリニスト、ピヤニストとして名ある人にて此科の知識殆どなきもの多し。小生少しく不審議な感致し候。」（漢字・仮名遣いはすべて原文ママ）

小長久子『滝廉太郎』（吉川弘文館）、２１０～２１４ページに全文が所収。

Column 3

日本人初のクラシック作曲家の無念
滝廉太郎作曲『憾』

滝廉太郎は、近代化された西洋の作曲法を使いこなしたという点で、実質的に日本人で初めてのクラシック作曲家です。

『荒城の月』が有名ですが、『花』や『箱根八里』も彼の作品。さらに、「もういくつ寝ると～」の『お正月』も廉太郎の曲です。皆さんはご存じでしたか？

日本人が誰でも知っている歌を4曲もつくった廉太郎。そんな天才が、すさまじい情念をこめて書いた、戦慄《せんりつ》すべき作品をご紹介しましょう。

戦慄？　はい、その通りです。文字どおり戦慄するピアノ曲――その名も『憾《うらみ》』……。

『お正月』と同じ作者とは思えぬ尋常ならざるネーミングですね。しかも、亡くなる直前に力をふりしぼって遺《のこ》した絶筆と言われています。[*1]

１９０１［明治34］年、東京音楽学校で前途を嘱望《しょくぼう》されていた21歳の廉太郎は、日本人音楽家として３人目、男子としては初めての官費留学生としてドイツへ旅立ちます。３年にわたってピアノと作曲を学べ、という命令でした。[*2]

同年10月１日にライプツィヒ音楽院に見事合格。翌日から通学をはじめます。本章のエピグラフで引用した手紙は、それからしばらくした11月17日に書かれたものです。

しかし、本場でもやっていけるとの自信がみえるあの手紙を書いてわずか１週間後、彼は病に倒れてしまいます。当時は不治の病、肺結核を発病したのです。そのまま入院し、休校手続きがとられました。そして翌年、文部大臣の命令により帰国します。たった２ヵ月たらずの学校生活でした……。

さぞかし無念だったことでしょう。お国や周囲の期待を裏切ったことへの恥辱感もあったに違いありません。帰国してからは自暴自棄となって、母親の手料理さえひっくり返すほど心が荒れていたようです。

『憾』はそのような状況下で書かれました。

「憾」とは〝残念な気持ち〟〝心残り〟という意味です。もちろん〝恨《うら》みつらみ〟の意味も込めていたでしょう。自筆楽譜の片すみには、英語とドイツ語で「Doctor《ドクター》 Doktor《ドクター》」との走り書き――医者《ドクター》に対するやるせない呼びかけ――が残っており、廉太郎の心情を思いやると胸が苦しくなります。

その音楽も、3分ほどの小品ながら鬼気迫るものです。絶望・悲しみ・不安・慰めなど、彼にうず巻いている想いの渾然一体となったメロディーが、悲しげな舞曲

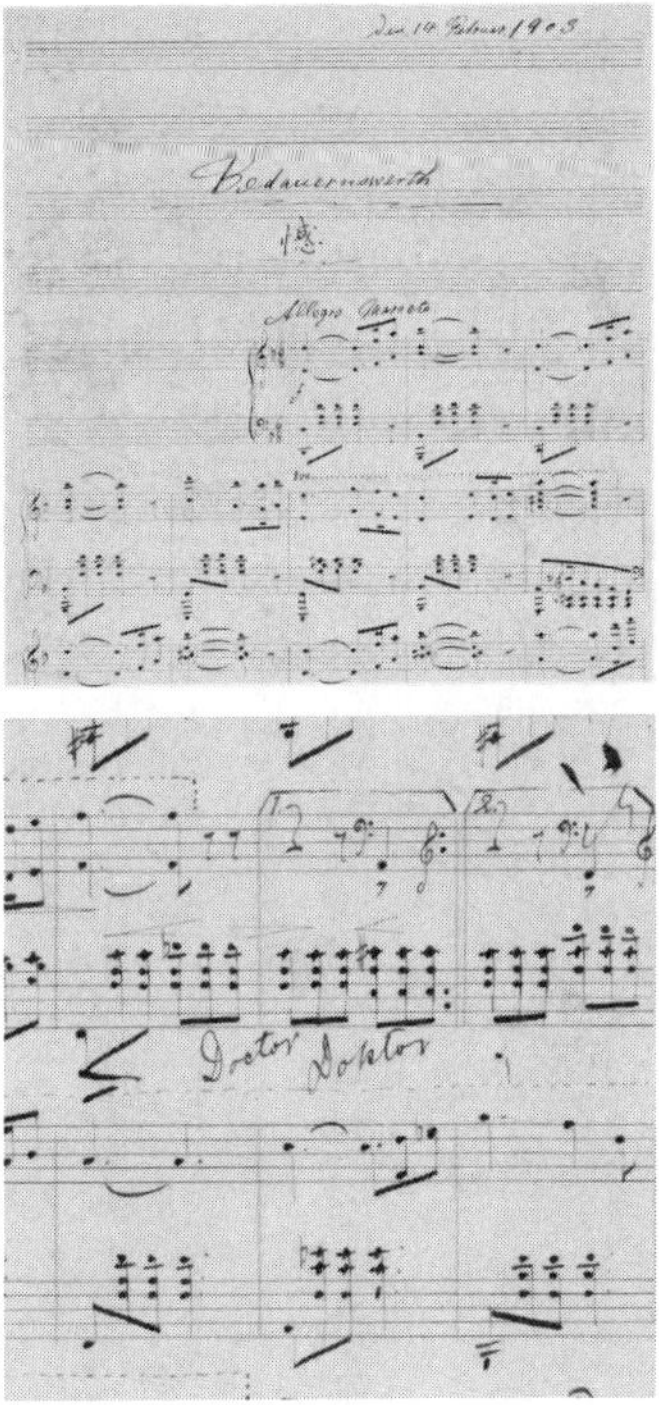

図C・3　廉太郎の絶筆『憾』（上：浄書譜のタイトル部分／下：草稿譜にあるDoctor Doktorの走り書き）（浄書譜と草稿譜については＊1を参照）
写真提供：大分県竹田市

調のリズムにのって叫びをあげます。

壮絶なのはその終わり方で、最後の力で想いをありったけ爆発させたあと、ピアノで一番低いレの音が突然パッと短く打ち鳴らされるやいなや、静寂を迎えるのです。まるで死神が鎌をひと振りしたように……。

廉太郎がわずか23歳の生涯を閉じたのは、この曲の浄書譜（清書）を仕上げてから4ヵ月後のことです。

この曲はヨーロッパの有名作曲家が書いたといわれても不思議ではありません。我が国を代表する音楽学者・海老澤敏《びん》氏は「稀代《きたい》の傑作」とまで称賛しています。[*3] それほどの水準で、廉太郎はクラシックの理論を短期間で消化できていたのです。

彼の天才とともに、近代西洋のもつ強みがあらためて実感できます。

＊コラムで取り上げた曲は、私のユーチューブ・チャンネルにある再生リスト（「光文社新書『「宇宙の音楽」を聴く』」）でお聴きになれます。

第4章　光の影にひそむもの

文明はあらゆる限りの手段をつくして個性を発達させたあと、あらゆる限りの方法によってこの個性を踏みつけようとする。

『草枕』

われらは自由を欲して自由をえた。自由をえた結果、不自由を感じて困っている。

『吾輩は猫である』

夏目漱石（小説家）

プロローグ

近代西洋ＯＳの問題点を探っていく本章では、進め方をこれまでとは少し変えて、私自身の経験をもとに各節を構成しています。

前章でふれた通り、私が指揮者になる夢をかなえて、リーダーシップを国際的に発揮できたのは、近代西洋ＯＳによって生み出された社会システムと常識に素直にしたがったこと、ならびにＯＳの独特な強みを活かしきったことに理由がありました。

ところが実をいえば、時間が経つにつれてどうも限界を感じるようになり、デビューから５年もした頃には明らかな壁にぶつかって、長らくスランプの状態に陥《おちい》ったのです。

その限界とは、次の２点にまとめることができます。

① 自分の頼みとした個性であるリーダーシップ能力の限界

② 成功を求め続ける生き方の限界

これらを感じるようになったことが引き金となって、視界のない泥水のなかを目的もなく泳いでいるような日々を、何年ものあいだ過ごすことになったのです。そこから抜け出るために、読書と試行錯誤をつづけました。

その結果として私が出したのが、「スランプの根本的な原因は、自身の思考回路そのもの——とりわけ、近代西洋から輸入した思考回路——の問題点にある」という答えです。

言いかえれば、スランプに向き合っているときに、西洋の思考回路について真剣に学んだことがきっかけで、その短所をリアルタイムで理解したのです（ちなみに、本書の内容のほとんどは、この苦しかった時期の思索がもとになっています）。

これゆえに、近代西洋ＯＳの問題点についてお伝えするにあたっては、このときの経験とセットにして語るというわけです。

本章では、当時の私が感じた２つの限界をそれぞれの節で考察しながら、ＯＳの問題点を浮かび上がらせていくことにします。

それでは、輝かしく世界を照らす光の裏にひそむ、暗い影を追ってみましょう。

第１節　リーダーシップの限界から分かったこと

私が仕事で抱いた２つの悩み

プロデビューから数年ほど経ったころからでした。自分の演奏にめったなことで満足できず、深く悩むようになったのは。

それは技術的なミスが原因というわけではありませんでした。

指揮者が振り間違える、もしくは奏者が弾き間違えるくらいなら、それは超一流のプロでもあることで、そこまで真剣に悩むことではないでしょう。ビジネスの現場なら、つい宛て先を間違えてメールを送ってしまうようなもので、それはたんに注意すれば防げます。

では、何が悩みだったのでしょうか。それには2つありました。

まずひとつ目。

私は、曲について徹底的な分析したうえで自分の解釈を決定し、楽譜や口頭での指示を通じて、それを奏者に伝えていました。指示を書き込んだ楽譜の写真（202ページ）をご覧になると分かるとおりです。

ただし、この準備には膨大な時間がかかります。たとえば、ヴァイオリン奏者用の楽譜への書き込みだけで一日終わることはザラです。鉛筆をもつ右手だって痛みます。しかも、それをチェロやフルートなど、他の全パートに書き込まねばなりません。

にもかかわらず、いざコンサートになるとこの努力が完全に報われないのです。

すなわち、事前準備にここまで手間ひまかけて、リハーサルが始まれば効率的にまとめているはずなのに、本番ではどこかで自分の解釈とは違う響きが鳴ってしまう――これが第1の悩みでした。

そして、もうひとつは人間の心理に関係するものです。

いま申し上げたように、入念な準備をしてから仕事にのぞむ私ですから、当然ながら素晴らしい音楽にしたい（＝苦労して組み立てた自分の解釈に忠実な演奏にしたい）という熱意を強くもっています。

それと同時に、「私と同じくらい」とまでは言わないにしろ、奏者にもある程度の熱意をもって欲しいと、どうしても期待してしまいます。

しかし、現実は厳しいものです。一流のプロであるほど毎日のように本番で演奏しており、ベートーヴェンの『運命』『第九』といった有名曲にいたっては嫌になるほど弾いています。その状態でモチベーションを保てという方が酷《こく》かもしれません。

つまり私が抱いた第2の悩みとは、仕事に対して熱意をもたない奏者が、どの団体でもかならず一定数は存在することです。

奏者ひとりひとりの表情や態度、そして何より出てくる音楽から、彼らがどのような心理状態なのか察することが出来ますから、冷めた奏者の存在は悩みのタネでした。それは私個人のみならず演奏全体の高揚感にも影響しますから、やはり自分が理想とする音楽から遠ざかってしまうのです。

以上は皆さんも、とくにリーダーの立場にある方ならよく経験される話でしょう。私は当初、第1の悩みについてはオーケストラの練習量や注意力の不足、第2についてはクラシック音楽産業の構造的な問題におもな原因があると思っていました。ところが、リハーサル時間をきちんと取ったときも、信頼のおける奏者ばかりと仕事をしたときも、やはり同様のことが起きるのです。つまり、私は勘違いしていたことになります。

悩みの原因の一端が、ほかでもない自分自身のリーダーシップにあって、それを変革させることで状況が改善されることに気付くまでには、しばらくの時間が必要でした。というのは、スランプに入ってからも、本番までに一定レベル以上の演奏にまとめあげるという点だけをみるならば、大きな問題はなかったのです。前章であげた「国際平和デー」記念コンサートで結果を出したのも、スランプまっただ中のころでした。

それゆえ、自分のリーダーシップに対しては疑問さえ持てず、勘違いに気付かなかったわけです。

しかし、スランプを克服する道のりで、ものごとを思考回路の次元から解き明かす作業を行うようになると、すべての点と線がつながり始めました。そして遂には、それまでの自分が信じていたリーダーシップに限界があったことを理解することになったのです。

それは果たしてどういうことだったのでしょうか。

人々からの信頼を勝ちとる科学

最初に、近代西洋ＯＳ、なかでもとくに科学の発展によって生じた変化を考えることから始めます。

デカルトは、この世界は「心（魂・精神）」と「物質（身体）」の２つから成っているとする物心二元論をとなえ、物質の世界については機械なのだから、適切な方法でかならず解明できると考えました（１２８ページ）。魂をもたぬ動物は機械であり、人間も身体そのものは機械であるとの主張を覚えておられるでしょう。

これによって科学が発展する理論的な基礎が築かれました。さらにそれが近代合理主義や専門化と結びつくことで、現在のような科学的思考が形成されたのは第２章でみた通りです。

その科学は、どのような役割を果たしたでしょうか。

まず、さまざまな**自然現象**を、誰に対しても説得力をもった**客観的な説明**ができるようになりました。これは前章でみた通りです。

そして、その説明（＝法則や理論）にしたがって処理すれば、未来に起こる／過去に起こった現象について**予測**することも可能になります。ケプラーの法則で計算すれば、ある時点での惑星の位置が判明するように。

並行して、**テクノロジー**（科学技術）が進展します。自然現象について説明や予測ができるなら、**自然を加工**することも容易になるからです。

たとえば、グランドピアノが豊かな音色と音量で楽しめるようになったのは、19世紀中ごろに金属製のフレーム（弦を引っぱる枠《わく》の部分）（図4・1）が登場することで、20トンにもおよぶ強大な弦の張力に耐えられるようになったからです。これに比べると、18世紀にモーツァルトらが使っていた木製フレームのピアノ（図4・2）はオモチ

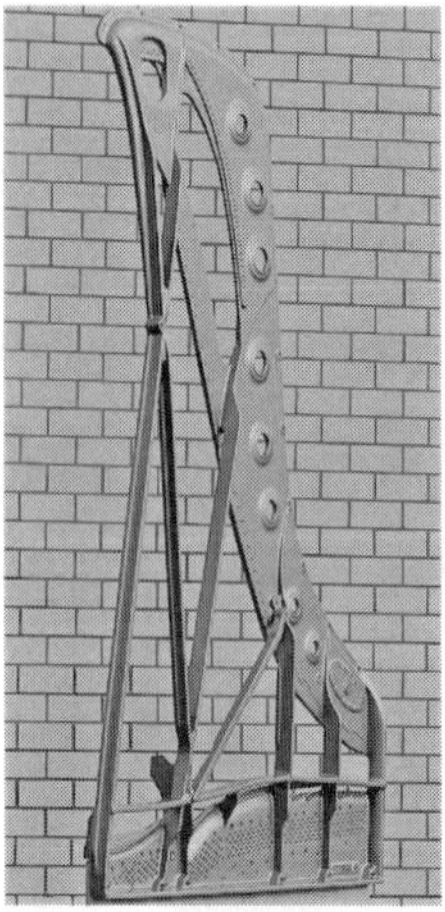

図4・1　現代グランドピアノの鋼鉄製フレーム
“The cast iron plate of a Steinway grand piano” ©Kassander der Minoer 2006 / Licensed under CC BY-SA (http://creativecommons.org/licenses/by-sa/3.0)（筆者が部分的に改変［トリミング］）

図４・２　モーツァルト時代（18世紀後半）のピアノ

ヤのように聞こえます。

要するに、鉄鉱石など自然界にある原料を、あのように大きくて頑丈なフレームへと加工できるまでの鋳造《ちゅうぞう》テクノロジーが発明されたということ。このテクノロジーは蒸気機関の製造でも不可欠なものでした。つまり、これによって鉄道が誕生し、風まかせだった船が飛躍的に高速化したのです。

普遍性と客観性を兼ねそなえた説明、的中する予測、さらにテクノロジーのおかげで生活がどんどん便利になる——こうなれば人々の**科学への信頼**は嫌でも増していくことは自明の理です。

〝科学万能の時代〟～自然科学と社会科学

それにつれて、人間はすべての問題を科学ならば解決できると錯覚するようになります。社会や文化など、もともと自然現象でないことまで科学的に解明しようとするようになったのです。

経済活動（ビジネス）がもっとも分かりやすい例でしょう。

経済学の本には数式がズラリと並んでいるのが常ですし、〝投資の神様〟バフェットだって数学を駆使していることは第１章で言及しました。皆さんにしても多かれ少なかれ日頃から数字と向き合っているはずです。

すなわち、経済にまつわる現象を**数値化**することで理解しているわけで、それは科学的な思考を成立させる５つの条件のひとつでした（１３０ページ）。

フロイト（１８５６〜１９３９）（図４・３）が創始した精神分析学など、心の世界にまで科学的な思考が本格的に斬りこんでいます。デカルトにおいては機械として力学的に探求できるのはあくまでも物質の世界だけでしたが、今では人間の心までもが機械のように解明される対象となっているのです。

図４・３　フロイト

しかしながらよく考えると、自然現象でないことまでも科学で解明しようとするなんて、実はとても奇妙なことではないでしょうか。

たとえば、惑星の運行が例外なくケプラーの法則に支配されているように、自然現象ならある**法則**にずっと従います。[*1] 自然現象に5つの条件すべてをあてはめた**自然科学**（なかでも物理学）――これがいちばん純粋な科学で、説明や予測がもっとも現実世界とマッチするものです。[*2]

これに対して、経済や音楽など、人間の行動がかかわった現象はそう簡単にはいきません。全5条件をあてはめられないうえ、ある法則がそのまま常に再現されることなどまず考えられないからです。

なにしろ人間には**自由意志**があります。

わざと相場の流れとは逆をいく「逆《ぎゃく》張《ば》り」を好む投資家もいらっしゃるように、次にどんな動作をするか、いつでも自分の意志や気分によって決められるのが人間なのです。そこにひとつの確実な法則性を見つけることなど本来はとてつもなく難しいことで、少なくとも機械と同じように解明できるものではありません。

つまり本当のところ、経済にしろ音楽にしろ、人間の自由意志に左右される現象に対して科学的アプローチをすることには、科学の〝本家本元〟たる自然科学と比べれば、越えられない限界があるのです。

それにもかかわらず、ある程度すぐれた説明や予測ができることも事実なので、この問題はふつう無視されています。

いずれにせよ、科学の発展によって生じた以上のような変化によって、あらゆることが科学的に考えられ、それによって出された答えが正しいものとして受け入れられるようになりました。

これが近代合理主義と結びつき、自分の主張（＝主観）を科学的に実証した答え（＝客観）によって、この世のすべてを理解しようとするのが近代の一大特徴となったのです。

前章でくわしく見たとおり、それはたしかに大成功をもたらしました。

科学や合理主義のおそろしさ

ところが、この思考回路が行き過ぎたとき、問題が発生します。

何度も引き合いに出しますが、デカルト座標（緯度・経度）で表された富士山の所在のように、適切な科学的思考によって出された答えに対しては、ごくひと握《にぎ》りの専門家でもないかぎり反論がとても難しいものです。

大半の方々は、それが絶対的に正しいとまではいかなくても、〝**最適解**〟くらいには信じてしまうでしょう。

その結果、この思考回路のもとでは、自然、社会、文化、そして人間——すべてを機械のように見て、扱うことに慣れてしまうのです。〝**部品のひとつ**〟として数値化されたうえで、合理的に処理されてしまいます。

図4・4　ウィリアム・ブレイク『ニュートン』。ほの暗い海底で、コンパスを使って物質世界を数学で解明しようとしているニュートン。その左足はすでに岩と同化し始めている。「君も物質か？」という作者ブレイクの声が聞こえてくる。ニュートンと同国人による初期の科学万能主義批判のひとつ（1795年）。

成功欲求がダイレクトに結びつくビジネスにおいては、最適解を求めるあまり、その傾向が特に強くなるものです。

「売上のあがらない社員や給料の高い社員を合理化する」「アマゾンの森林を買って牧場にする方が、国内生産よりコストや広さの点で効率的」——これらは社員や森林が、すでに会社の成功のための部品になっています。生命というよりはモノなのです。

もちろん似たようなことは古代からどこにでもありますし、現実の経済活動ではある程度やむをえないことでしょう。

しかし、近代西洋OSがおそろしいのは、「信頼のおける科学的（=合理的）な思考なのだから、それが最適解で間違いない」と、人々に納得させてしまうことです（つまりOS独自の強みが、逆にマイナスに作用する）。

たとえ自分自身が部品になっていたとしても、それさえ自分の夢や目標をかなえるための合理的な選択だと信じていますから、たいして意識することさえもありません。それが行き過ぎたとしても、自分のなかにある**良心**や**倫理**的なストッパーが発動しにくくなるのです。

日米で偉業をうち立てた元プロ野球選手・イチローさんが、近年の大リーグにおける科学的データの重視について語っている次の言葉が、この問題をよく象徴しています。

> 最近はコンピューターを操っているというより、人がコンピューターに操られているように見えます。守備でもすべてがデータ化され、極端なシフトをふくめ、守る位置はすべて決められている。

興味深いのは、個性を重んじるイメージのアメリカで、すべてのチームがこの傾向にある点。1チームや2チーム、他とは違う考え方でのぞんだ方が面白いはずなのに、みんなが右へならえ。[*3]

〝自由の国〟アメリカで、自分の発想によるプレーができないという皮肉。いくらデータで武装しても、最下位のチームは最下位なのですが。

ともあれアメリカでは、どの分野でもデータ重視の傾向がとても強いことはたしかです。

無自覚に同僚を機械にしていた私

さて、ここまで理解してはじめて、仕事で抱えていた2つの悩みの根本的な原因にたどり着きました。

それを一言でいえば、私の実践していたリーダーシップのもとでは、オーケストラの奏者たちが〝部品〟のような存在になっていたということ。つまり、自分の解釈——すなわち私にとっての最適解——を１００％そのまま鳴り響かせるために、奏者を機械のように正確に動かそうとしていたのです。デカルトが、動物のみならず人間の身体さえも機械とみなしたように。

もちろん私にそのような自覚はありません。きっちりと近代西洋ＯＳを活かしたリーダーシップを展開することにプライドを覚え、マニュアルのような楽譜を作成して、自分の解釈を効率的に伝えていました。

しかし奏者の立場からすると、いくら合理的で説得力にあふれていようとも、それは頭の中だけのこと。たしかに説得力がない場合よりは遥かにマシで、指示どおり動くモチベーションにはなりますが（だからこそ私は勘違いしていました）、人間はそれだけでわり切れるものではありません。

素晴らしい仕事を成しとげるには、数値化して合理的に処理できるようなものとは別に、目に見えない精神的な力が必要になります。

人間に最高の力を発揮させる〝ワクワク感〟

そして、その力こそが**ワクワク感**です。

文字どおり、心の内から外へと湧いてくるポジティブな感覚で、英語ならexciting《エキサイティング》（「興奮する」・excite《エキサイト》の形容詞形）にあたります。英語でも、〝ex〟《エクス》は「外へ」を意味する接頭辞《せっとうじ》、〝cite〟《サイト》は「発動する」という意味のラテン語に由来するので、日本語のニュアンスとまったく同じです。

この感覚は、場面や状況に応じて、いろいろな言葉で置きかえることができます。

自分がこれから何かを生みだす作業に加わっているという創造の喜び、自分が求められているという嬉しさ、自分のやっていることで人が喜んでくれる充実感……など。

私の悩みは2つとも、このワクワク感を奏者にも十分に持ってもらえたなら解決するものでした。私の解釈を鳴り響かせることに奏者がみなワクワクするような、そんなリーダーシップが展開できたなら、本番でもより理想に近い形で実現されるでしょうし、仕事に熱意をもたない奏者などいなくなるはずですから。

大半の子供が勉強させられるのを嫌がるように、人は強制的に何かをやらされても大して力を発揮しません。それでも仕事となれば仕方ありませんから、リーダーから言われたことに関しては、その説得力に比例して力を発揮するでしょう。

けれども人が最高の力を発揮するのは、自分の意志で、しかもワクワクしながら行動するときなのです。

ケプラーがコンピューター顔負けの計算を何十年とやり抜いたのもこれなら、明治維新が成功し、中国の洋務運動が失敗した違いもまさしくここでした。

そしてオーケストラ奏者においても、「やらされている」のと「心の底から自主的に表現している」のとでは雲泥の差が生じます。

人間らしさより、技能と機能

この点をさらに掘り下げてみましょう。

近代西洋ＯＳに支配される私たちが注意しなければならないのは、心で感じられるけれども観察はできない、ゆえに数値化も法則化もできない存在を切り捨ててしまいがちであることです。むしろ、近代合理主義と科学が結びついた思考回路で〝正しい〟答えを求めるとき、そのような存在を可能なかぎり除外することが前提となっています。

デカルト座標で表現した富士山の所在にいくら反論できないほどの客観性があろうとも、この霊峰に対する静岡・山梨両県民の思い入れがそこに反映されることはありません。私なら、故郷の「福岡」と聞けば何ともいえない特別な感情が浮かびますが、緯度経度で表現された〃福岡〃に思いを重ねるのは無理というものです（余計な気持ちが入り込まないからこそ、数字や記号は客観性をもてるのですが）。

それゆえに、この思考回路に慣れてしまうにつれて、たとえものごとを合理的に処理できるようになるにしても、ある意味いちばん人間らしい部分に対して無頓着《むとんちゃく》になってしまう危険性があります。

くわえて、**技能**（どんな技術を、どれだけの能力でもっているか）と**機能**（ある目的にとって、どれだけ役に立つ働きをするか）が何よりも優先されるようになり、人間をこれらの物差しで評価することが当たり前になります。[*4]

前者は、私が大学院に入るまでして指揮技術を高め、オーケストラを動かす能力を身に付けようとしたのを思い出してください。さもなくば、指揮者の採用に応募することさえ出来ないからでした。

後者は、私が超短期プロジェクトをうまくこなしてプロデューサーに買ってもらったのが好例です。また、人間だけでなく、生命や自然さえも機能として捉《とら》えられます。動力源として、プラスチックの原料として、さまざまに役立つゆえに、石油が各国に争われてまで確保されるように。

これらは目に見える成果として数値化しやすく、近代西洋ＯＳとの相性が抜群であるため、**「売れる技能をもち、便利な機能をになえる人間が凄い」**という価値観に、近代人がかつてないほど染まる要因になりました。

だからこそ前章でみたように、そんな個性を育てようと幼少時から合理的な人生プランを練るわけで、実際のビジネスでも音楽でも、この価値観にそった人材がこれまで重用されてきました。

しかしながらこれが行き過ぎると、人間や自然をみずからの目的を果たすための部品として扱うことに直結します。ある指示に機械的に反応して、好成績をあげる人材が求められているのと同じなのですから。自然もどんどん機械的に加工されて、豊かで便利な世界へと変《へん》貌《ぼう》します。

かくして、社会生活からワクワク感がうばわれ、自然が破壊されていくのです。

この観点から現在進行中のいろいろな問題を理解するならば、それらの根本的な原因と、我々のとるべき真の解決法が見えてきます。

図 4・5　SDGs（持続可能な発展目標）
国連広報センター（https://www.unic.or.jp）

ＳＤＧｓを真に達成させるには

もっとも典型的な例をあげれば、２０１５年に国連で採択された、２０３０年までに世界が達成すべき**持続可能な発展目標**（Sustainable《サステイナブル》 Development《ディヴェロップメント》 Goals《ゴールズ》）、すなわち〝**ＳＤＧｓ**《エスディージーズ》〟です（図４・５）。

環境への配慮・働きがいも経済成長も・つくる責任つかう責任……。

17ある目標のうちの多くは、本節で述べている近代西洋ＯＳの問題点にそもそもの発端があることに皆さんも気付かれたでしょうか。

すなわち、人間や自然を機械部品のように扱うことに私たちの頭が慣れすぎて、しかも、それが各人の成功欲求によって歯止めがきかなくなったことが、地球の未来をおびやかしているということです。

したがって目標を達成するうえでは、現在の思考回路のまま目に見える成果をあげようとするのは拙速《せっそく》な解決法になります。

たとえ時間がかかっても、あくまで近代西洋ＯＳの問題点を克服するという目に見えない成果をあげることが真の解決へと導くのです。

「女性の機会均等」や「質の高い教育」を達成したいなら、女性や子供たちが本心から湧きでる感情にウソをつかなくても良いように、まずは我々がきちんと自分自身の**マインドセット**（心の持ちよう＝思考回路）を変えたうえで、そのような環境をつくることが真の解決法になるでしょう。

技能や機能ばかりで評価し、機械的な働きを期待する思考習慣を改めないかぎり、全員がフェミニストや子供好きになったところで抜本的な変化は起こりません。

「己《おのれ》を知り、己を変える」——本書がまさしく目指していることが、ＳＤＧｓにおいても最重要なのです。

その意味で、私は祖国の状況をやや心配しています。

大企業はこぞってＳＤＧｓをうち出し、胸にロゴバッジを付けておられる方さえ見かけるほど大ブームで、帰国するたびに心底おどろきます（アメリカではＳＤＧｓさえ知らない人が多数派ですから）。

しかし、はたしてどれだけの方が、これらの目標を〝内発的に〟理解したうえで、変化に対処できているでしょうか。

くり返しますが、私たちは自分の思考回路の次元から変革を起こさなければなりません。でなければ表面的なブームに終わるどころか、かかげた大義への**同調圧力**によって各個人のワクワク感がおさえこまれ、かえって**閉塞感**を広げる結果になることを、私はとても危惧しています（これについてはＳＤＧｓに限らない、我が国に特有の問題ですが……）。

ビジネスパーソンにとってのアート思考

それはともかくとして、**アート思考**をビジネスに取り入れようとする近年の傾向も、結局はこの近代西洋ＯＳの問題点をどうするかに帰着します。

第２章において私は、ビジネスパーソンにとってのアートについて「自分がワクワクするアイディアを、なんらかの形で顧客が経験できるようにする事業」と定義して、その根拠を説明しました（１３７ページ）。

ただし、このアイディア（プラトンのイデア説が語源でした）にしても、私たちが機械の部品と化した状況では良質なものは生まれません。

それは当然です。「ああしろ、こうしろ」といつも指示されて、あなたは創造的な存在になれるでしょうか。イノベーションを生み出せるでしょうか。やはりワクワクしないことにはアートのプロセスさえも始まらないわけです。

ですからビジネスにおけるアート実践の大前提は、自分の中に巣くっている近代西洋ＯＳの問題点を修正すること、そしてそのための環境を整備することにあります。

ＳＤＧｓのひとつである「イノベーションの基盤づくり（第９目標）」にしても、まさにこれによって達成されることでしょう。

ＭＢＡがダメだからＭＦＡ？

近代合理主義と科学的思考の賜物《たまもの》であるＭＢＡ（Master《マスター》 of《オブ》 Business《ビジネス》 Administration《アドミニストレーション》 経営学修士）は、そこをうまく反映できない体系であるゆえに、ときに批判されます。

ＭＢＡプログラムで習う理論が説得力をもつにしても、社員にとって最高の力を発揮する動機は少なくともそこにはありません。私がオーケストラ奏者との関係で言及したとおりです。

これまでの常識では、給与や労働時間など、目に見える条件を改善することで従業員にワクワク感をもってもらおうとしていました。それゆえ、妥協できる条件を精密な計算によってはじき出す、科学的な理論が必要とされたのです。

しかし「人はパンのみにて生きるにあらず」（聖書『申命記』の言葉）。燃料を与え、整備さえしていれば動く機械ではありません。

物質的に満足することで力を発揮できるのは最初だけで、それを続けるほど執着心が出て効果が薄れるうえ、他者や自然への愛情よりも自分の執着を優先するようになるものです。持続可能な発展をするためにも、これからは目に見えないワクワク感の条件もあわせて探すことが求められます。

余談ながら、アメリカでは、最近になってＭＦＡ（Master《マスター》 of《オブ》 Fine《ファイン》 Arts《アーツ》 芸術学修士）を重視する動きがあり、ニューヨーク大学のようにＭＢＡとＭＦＡの両方をとれるプログラムを提供する教育機関さえ登場しています。[*5] ＭＢＡの欠陥に気づいたビジネス界の要請があったのでしょう。

ただし、アート実践を理論化したものを身につけても、自分のワクワク感に素直になれない人材を量産しては無意味です。

すべてを理屈でとらえて体系化するのは西洋人らしい思考回路（第1部でみた「区別知」「専門化」）ですが、ＯＳそのものの問題から発生した問題に対して、同じＯＳで対処しても堂々巡りになります。

それでも、次章でふれる東洋思想[*6]なども取り入れて、この矛盾を克服したものであるなら、きっと素晴らしい人材が輩出されるはずです。

＊

さて本節では、自分が頼みとする個性だったリーダーシップに感じた限界から、近代西洋ＯＳがもたらす問題点を追ってきました。

つづいて第2節では、成功を求めつづける生き方に対して私が感じた限界をもとに、別の問題点を探って参りましょう。

そこでは、ビジネスのみならず、私たちの人生そのものが関連してきます。

第2節　成功を求めつづける生き方の限界から分かったこと

ニート生活を送りながら考えたこと

〝自己実現の鬼〟だった私が成功を求めつづける生き方に疑問をもったのは、皮肉なことに最高の成功を経験した２０１３年のことでした。

カーネギーホールで、しかも２０００人を超える聴衆の前で、自分でも大満足する演奏ができた次の日にクロアチアへと旅立ち、34歳の誕生日を現地で迎えます。私自身がプロデュースしていた、日本クロアチア国交樹立20周年の記念コンサートをこなすためです。

そこでも、ＥＵ各国大使はじめ皆さんに心から喜んでいただける仕事ができ、クロアチア政府は大統領との特別会見で、日本大使館は大使公邸でのパーティーをもって、労をねぎらって下さいました。

私としては、「自分の解釈をそのままホールに鳴り響かせる」「外交の舞台で世界平和に貢献する」といった、長年もっていた自分の夢が短期間にかなったことになります。ですから、

「これで成功したな」と浮かれたものです。

しかしその直後、真っ逆さまにころげ落ちてしまいます。

なんと何万ドルにもおよぶ興行《こうぎょう》詐欺《さぎ》にあって一文無しになってしまったのです。成功を何よりも求める若造は格好の標的だったのでしょう。信頼しきっていたその人物が、以前から詐欺をくり返していたことを知った時にはもう手遅れでした。

そればかりではありません。楽譜をみると吐き気がするほどメンタルをやられてしまった私は、そのあと半年ちかく仕事をほとんどキャンセルして、両親や近しい人の援助にすがりながら療養せざるをえなくなったのです。まあ〝療養〟といっても、実質はニート生活なのですが。

それでも今となっては、詐欺にあったことは私の人生にとって宝物になっています。なぜなら、デカルトのようなニート生活を送れたからです。無感動になった自分の心を元気づけるため、哲学や歴史など、音楽以外のさまざまな本を読んで、思索や瞑想にたっぷり時間をさくことが出来ました。

そんな日々のなかよく自問したのは「成功って何だろう?」というシンプルな疑問です。

私は、おそらく大半の人と同じように、自分の夢をかなえる、すなわち〝功を成す（成功する）〟ために生きていました。それが人としてのあるべき姿であると、信じて疑わなかったからです。

にもかかわらず、自分に起こったことは一体なんだったのでしょう。めちゃくちゃに頑張って、これ以上望めないくらいの形で長年の夢を実現させました。

それなのに、私は前よりも遥かに悲惨な状態になってしまったのです。「成功」について、あらためて問いかける気になったのは、皆さんにも察して頂けるのではないでしょうか。

もちろん、挫折から学んで、より大きな成功をつかむのが人生であることは、頭では分かっていたつもりでした。

とはいえ、それまでもあまり幸せを感じられず、ただでさえ鬱《うつ》ぎみで苦しかった私です。またメンタルをやられる日のことを想像すると、これからも成功を追い求めつづけるには自分のなかで限界がありました。

そこで、このメンタル面でのスランプから脱するために、自分が信じていた成功常識についても、思考回路の次元からとらえ直してみたのです。

すると、自分が感じていた限界や苦しみの原因は、近代西洋ＯＳを過信することからくる問題点にあることが分かりました。

では、その問題点とはどのようなものだったのでしょうか。そのときに私がたどった思考プロセスを再現しながら探ってみましょう。

〃芸術家〃ではなかったクラシックの作曲家たち

まずは近代社会における〃理想的な成功のかたち〃について考えてみましょう。私たちは日ごろ、一体どのような人を最高の成功者として尊敬しているでしょうか。

クラシックの作曲家を例にして説明してみます。

ボエティウスによる「宇宙の音楽《ムシカ・ムンダーナ》」にふれたくだりで、音楽はじめ芸能従事者の身分がむかしは低かったことにふれました（70ページ）。クラシックの有名作曲家にしても例外ではなく、世阿弥のような被差別階級とまではいかないものの、長いあいだ上流階級に支配される身分であることに変わりありません。

レコードも何もなく、生演奏しかない時代、聴きたいときに音楽を聴けるのは、音楽家を雇うことのできる支配階級くらいでした。したがって、そのころの音楽家が安定した収入を得るには、宮廷や教会に仕えるのが常道だったのです。[*7]

たとえば、ドイツ国歌を作曲したヨーゼフ・ハイドン（１７３２〜１８０９）（図４・６）は、生前にヨーロッパ随一の知名度をほこりました。

しかし、それほど有名な音楽家でも、宮廷との契約書をみると「常に清潔な制服姿で現れること」「三食は役人食堂でとること」といった項目があります[*8]。つまりは使用人のひとりなのです。こうして領主の礼拝や娯楽（食事中のＢＧＭなど）のために作曲し、演奏もこなしました。

図４・６　ハイドン

これが近代初期までのクラシック音楽家の、ごく普通だった姿です。〝芸術家〟というより、むしろ依頼されたら期日中にパッと仕上げることにプライドをもつ〝職人〟でした。

夜会ならセレナーデ、葬式ならレクイエムといったふうに、曲を書くときはかならず依頼主の目的にそうもので、自分の書きたい曲を内なる欲求にしたがって書くということなど、当時はまずありえなかったのです。

クラシック史上最大のイノベーターの登場

ところが、１７８９年のフランス革命はじめ、自由を求める闘争によって封建制[*9]や貴族制がゆらぎ始めると、それまでの支配階級が没落していきます。ここに、音楽家が使用人のように扱われる身分から独立する機運が生まれたわけです。

そのような時代の申し子といえる人物が、**ルートヴィヒ・ヴァン・ベートーヴェン**（１７７０〜１８２７）（図４・７）です。彼こそは音楽家の地位を現在のように尊敬されるまでに引き上げた救世主であり、かつクラシック史上最高のイノベーターでした。

彼は、ハイドンなどの旧世代では考えられないことをしでかした音楽家です。

例外をのぞけば、自分の書きたい作品を書き、パトロンからの支援や出版社からの収入で生活しました。つまり宮仕えなどの定職につかないフリーランスです。

しかも、自身の努力によるたしかな実力によって、独自の地位を築いていると信じ切っていました。相手が誰であっても自分を低くみせることはありません。貴族の館でも正面から堂々と入り、ご馳走になっても主人の近くに席が指定されていなければ激怒しました。

その音楽にしても以前には決してなかった斬新さにあふれるものです。

〃ジャジャジャジャーン〃の出だしが強烈きわまりない『運命』——ベートーヴェン自身が過酷な運命と闘《たたか》っている様子がありありと思い浮かびます。[*10] 貴族が食事中に生演奏でたのしめる曲でもないですし、注文を受けてパッと書ける代物《しろもの》でもありません。

『第九』にいたっては、旧制度がいまだ残っていたにもかかわらず、フランス革命の精神「自由・平等・友愛」を高らかに謳《うた》いあげています。実際、彼はオーストリア帝国政府から睨《にら》まれていました。[*11]

つまりベートーヴェンは、みずからの信念をストレートに作品中に反映させています。ルネサンスいらい人間を描くことは音楽でも行われましたが、依頼主の意向にそって作曲するのが当たりまえの環境では、自分の信念や生き様をだれかに伝えるという発想まで行きつくことはありませんでした。

しかし社会環境が変わり、彼がその発想のもとで作曲を始めると、耳が聞こえなくなっても傑作を書きつづけた壮絶な人生もあって、瞬《またた》く間に人々の共感を呼びおこすことになったのです。

図4・7　ベートーヴェン

これらの例はあくまでも一部ですが、彼がやりとげたイノベーションの衝撃度は感じていただけるでしょう。その影響たるや現在まで凄まじいものです。

ちなみに先日、長崎県の五島列島にも「第九を歌う会」があることを私は知りました。初演から２００年も経とうというのに、極東の島国の、そのまた小さな離れ島でもベートーヴェンは人々のパワーとなり、音楽家の雇用をつくり出している——彼がケプラーやジョブズと同次元のイノベーターであることを改めて実感します。

いずれにしても、ベートーヴェンの登場を境にして、音楽家はもはや主従関係に縛られた身分の低い〝職人〟ではなく、自身のオリジナルな表現を社会へ向けて発信する〝芸術家〟となりました。

言いかえると、音楽で自分を表現するのが一般的になったのですから、音楽家にとっての〝自我の目覚め〟がここで一定の完成形となったわけです。

芸術家としての成功者＝成功の理想形

ここまできて皆さんはお気付きにならないでしょうか。芸術家というのは究極の自己実現、すなわち自分らしさを追求する理想の形であるということを。

ベートーヴェンは、和声理論などの技術を学びながら、ライバルが太刀打ちできないレベルにまで自分の作曲能力を高めました。この技能をもって自分だけの表現を思いっきり追求したわけです。しかも、彼が生みだした作品は、人々のパワーや経済効果となって社会にとても役立っています。

図４・８『第九』の自筆譜の１ページ。ボルテージの高いベートーヴェンの筆跡は当時の人も読めず、出版社を困らせた。『第九』の自筆譜はユネスコ記憶遺産（世界の記憶）に登録されている。また、その草稿は2003年に約４億円で落札された。

つまり芸術家とは、その人が一流であればあるほど、技能をみがいて自分だけの個性を存分に発揮できるうえ、ちゃんと社会的な機能までも果たしているということです。

これは、近代西洋ＯＳにおいて理想とされる人生――好きな夢をもって、個性を伸ばし、それを社会で活かして成功する――と見事なまでに合致しています。

いわば芸術家としての成功は、ここ２００年あまりの人々がまさに欲している、人生における

〝理想的な成功のかたち〟なのです。

これゆえに、芸術系のフィールドでなくても、超一流の成功者はしばしば芸術家にたとえられます。

ビジネス界で神のように尊敬されるジョブズも然《しか》り。コンピューターの技能によって身を立て、ワクワクする自分のこだわりを事業化して世界を変えてしまうなんて、まさしくベートーヴェン。芸術家ならびに成功者としての王道です。

「成功すれば幸せになれる」は歴史的にも誤り

しかし、興味ぶかい事実があります。理想的な成功者だからといって、必ずしも幸せにはなれないという事実です。

たとえば、成功の権化《ごんげ》といえるベートーヴェン――葬儀にはなんと数万人が参列したほどに生前から名声を得ており、当時のウィーン市民の上位5％に入るほどの財産（その73％はオーストリア帝国国立銀行の株券）も遺しました[*12]――そんな彼でも、本当に幸せな人生を送ったかといえば、到底ＹＥＳとは言えないものだったのです。

おそらく本人もそう思っていたことでしょう。
無数にある彼に関しての書物から推測するかぎり、彼はいつもストレスにさらされていた印象を受けます。そして奇人じみた激しい行動に出ることが多かったようです。

彼は不機嫌で疑いっぽく、人間嫌いのコブラのように神経過敏で、だれもかれも寄ってたかって自分を騙《だま》そうとしていると信じていた。社交的洗練さは全然なく、忘れやすくて、理性を欠いた怒りに走り、自分の楽譜の出版元とは徳義のない取引をした。

（ハロルド・ショーンバーグ『大作曲家の生涯』より[*13]）

自己本位・人間不信……このようなベートーヴェンの不幸な気質については、どの伝記を開いても一致しています。彼がそうなってしまった原因については精神医学に究明をゆだねなければなりませんが、「成功＝幸せ」とは限らないことの歴史的な証明にはなっています。
では、どうして成功しても幸せになれないことがあるのでしょうか。
実はここに、「自由」という近代西洋ＯＳを過信することで起こる問題点、そして私が限界を感じた原因が隠されていますので、掘り下げてみましょう。

まずは、私たちがこの思考回路に執着し過ぎたとき、人生の価値をどのような基準で判断するようになるか考えてみます。

成功と失敗で判断されるようになった人生

成功をめざす習慣じたいは昔から人間社会にありました。

しかしながら、自分の立てた夢や目標をかなえることで人生の成功とみなすのは、あくまで「自由」が実現された時代になって初めて主流となった考え方で、それより前の時代では異色の少数派です。身分相応に与えられたお勤めを果たしておけば良しとされる時代であって、夢や目標という発想さえない人の方が普通だったことでしょう。[*14]

いっぽう現在では、職業を選べて、不動産も稼ぎもぜんぶ自分のモノにできます。

ただし留意すべきは、自分で人生を決められる時代では基本的に**自己責任**となりますから、人生にしめる〝成功の重み〟がまったく異なってくることです。身分が違うと人生も違って当然だった時代とは比べものにならないほど、成功にかける意気込みも、個人にかかってくるプレッシャー（精神的な重圧）も段違いに大きくなるのです。

ゆえに、「自由」な社会であればあるほど、成功することに人生の価値を見いだす傾向が強まります。逆にいえば、失敗することは人生の価値を下げると見なされるのです。

すなわち、近代西洋ＯＳが力をもつほど、人生の価値が「**成功と失敗**」で判断されるようになります。

データで比較する習慣、そして人生の価値

それと並行して、次のような習慣も広まるでしょう。

前章でふれたように、近代社会で成功を目指すにあたっては、数々の適性テストを通過しなければなりません。それを通じて、自分の個性（技能）がどれくらいのレベルなのか、いつも確認することが求められます。

ただし〝確認〟といっても、実質それは自分と他者を比べることを意味しています。点数や順位、新規顧客の獲得人数などを出されれば、嫌がおうでも自分の〝立ち位置〟を他者と比べることで確認してしまうでしょう。

それは仕方ありません。志望校を受けるにしろ就職するにしろ、自分が対象にふさわしい

のか適性テストを受けないと合理的に人生を進められない——そのような社会システムの中で私たちは生きているのですから。

別のいい方をすれば、幼少のころから知らないうちに**自分と他者を比べる習慣**をつけさせられているのが現代人なのです（学校・会社・国家のような集団レベルで比べあうのも同じです）。

やっかいな点は、これが第1節で指摘した問題点とかんたんに結びつくことです。

偏差値・年齢や業種別の年収統計・生活満足度……。科学的な思考によって導き出された指標には、「正解」または「最適解」と人々に信じ込ませるほどの説得力があります。このため、その数値が自分の価値そのものであるかのように錯覚するようになるのです。

結果、「偏差値〇〇の大学」「年収××万のランク」といったことで自分の価値をはかろうとしがちになります。こうなると人生は部品とおなじで、メモリやストレージの数値でスマートフォンを品定めするのと変わりません。

それはともかくとして、他者を比べることで自分の価値を判断することが、近代西洋ＯＳのもとでは癖《くせ》になりがちなのです。

図4・9 「人と競争し、比較し、抜きん出る」。現代では小さい頃から無意識のうちに刷り込まれる。

極端に加速しやすくなるネガティブな感覚

くわえて人間の性質からいって、「成功・失敗」「比べる習慣」は「**勝ち・負け**」の感情にすり替わってしまいやすいでしょう。「成績1位だから勝ち」「この年齢で年収××万は負け」のような意識が、人間としての良心から頭では否定していても、心の奥底ではくすぶってきます。

それは無理もないことです。

受験・コンクール・スポーツ大会・オーディション――このような江戸時代までには存在しなかった教育システムによって、私たちは物心ついてからずっと、「人と競《きそ》いあって・人と比べて・人よりも抜きん出ること」をたたき込まれてきたのですから[*15]（図4・9）。

「勝ち組・負け組」という本当に悲しい日本語がひろく定着している事実は、そのような意識に私たちが馴染んでしまった何よりの証拠ではないでしょうか（記憶するかぎり、私が子供のころにはなかった言葉です。それだけ我が国も「自由」になったのでしょう）。

要するに、近代西洋ＯＳに支配されるほど、私たちは人生の価値について「成功・失敗」「勝ち・負け」の基準で、なおかつ他者と比べながら判断するようになっていきます。

ただし、これと似たような傾向が昔になかったと言っているのではありません。あるところにはあったはずです。

しかし近代社会においては、その傾向が極端に加速してしまうことが問題なのです。「自由」は人間にとって心地よいものですし、そのＯＳには反論できないほどの説得力があるのですから。

しかも、社会システム自体がそうできているため、私たちは多感な子供のころから強制的にこの傾向に染まっていきます。

そして、それに馴染めなければ〝落ちこぼれ〟として肩身のせまい思いをするのです。

苦しみや怒りの正体　～ストレスとは？

ここまで来たとき、どうして「成功＝幸せ」がいつも成り立つわけではないのか、どうして成功を求め続ける生き方に自分は限界を感じたのか、ようやく理解しました。

成功・夢・理想・目標など、自分が目指すものに執着すればするほど、苦しみや怒りが生じるのです。

たとえば私の場合、実にさまざまな理想（＝成功するための目標）をいつも追い求めていました。「指揮者としてこうあるべき」「演奏はこう響くべき」――あらゆることに〝こだわり〟を持っていたとも言えます。

私が教えられた常識では、それは尊敬されるべきことでした。芸術家でもあるのですから、自分だけの世界を創りあげるのは義務とさえ思っていた節《ふし》もあります。

「こうありたい」と願うこと自体は構いません。ただ、理想が高ければ高いほど、多ければ多いほど、それが実現されていない状態だって頻繁に起こってくるわけで、そこに苦しみと怒りがわき起こります。なぜならストレスになるからです。

ストレスとは、なにか思い通りにしようとして実現していないとき、上手くいかないときに生じる心の苦しみであり、怒りです。「志望校に落ちた」「昇進できなかった」といった人生の節目から、「電車が遅れた」「ご飯がマズかった」といった日常のひとコマまで、思い通りにならない現象はすべて大なり小なりのストレスに感じます。つまりは**理想と現実のギャップ**がその原因なのです。

　ですから、あらゆることに〝こうあるべき〟を設けていた私など、いつもストレスだらけ。いくら成功実績を重ねようと幸せを感じられなかったのです。しかも、それが人生の成功に関わることなら尚更《なおさら》で、一文無しになった私がメンタルを完全にやられたのも今なら納得できます。

　ちなみに、現代がよく「ストレス社会」と呼ばれるのは、「自由」が深く根を下ろし、自分で選択できる範囲が広くなったぶん、思い通りにならないことも格段に増えたからです。

　こう考えると、世界的にみて几帳面な性質をもっている日本人がガンにかかりやすいのも無理はありません。「こうしなければ」と思ったことを着実にやろうとするのは美点です。しかし、ちょっとしたミスや不調和に対してもストレスを抱えることになって、それが細胞に何らかの悪影響を与えているのでしょう。[*16]

自分の人生に自信をもてない苦しみと怒り

ストレス（苦しみ・怒り）を増やす要因は、自分が目指すものへの執着だけではありません。先ほどふれた、人生の価値を「成功・失敗」「勝ち・負け」で判断したり、自分を他者と比べる傾向がますます苦しみや怒りを助長します。

それは当然です。自分の人生に責任を負いながら競争していると、成功への意気込みもプレッシャーも強くなることはすでにお話ししました。何かに失敗したとき、つまり思い通りにならなかったときのストレスは、人生をかけて意気込むほどに重いものになります。それは競争に負けたときも、他者と比べて自分が劣っていたときも同じです。

この私にしても、大学院を二浪したときは深刻なノイローゼになりました。

人生の分かれ目になる試験での失敗・選ばれなかった敗北感・ライバルたちと比べて遅く訓練をはじめたというコンプレックス……。

自分の人生がまるで無価値のように思えました。「自分が理想とする状況にない」＝「失敗であり負け」＝「自分は社会的に価値がない人間」という意識に、私の心がまるまる占領されていたからです。

そのストレスといったら、頭が完全におかしくなりそうなほどの破壊力でした。いつもの電車なのに何度も乗り間違える、気付いたらプラットホームの端っこを歩いている、気にくわない誰かに批判をぶつけずにはいられなくなる——あの時ばかりは、自分でも恐怖を感じました。

しかしながら、これは皆さんにとって対岸の火事ではありません。いま日常生活に起こっているネガティブなことの多くに、この問題は関わっていると私は考えています。いじめや誹《ひ》謗《ぼう》中傷となって現れたり、それどころか凶悪犯罪に形を変えてしまう可能性さえ、否定できないのではないでしょうか。

世界でただひとりの芸術家であろうとする苦しみ

さて、これまで私のたどった思考プロセスを大まかになぞりました。最後にふたたびベートーヴェンに戻ります。

彼ほどの成功者でも幸せから遠かった理由——すでに皆さんは察しがついていらっしゃることでしょう。とことん高い理想をずっと追い求め続けたからです。

侯爵《こうしやく》よ！　今のあなたがあるのは偶然そう生まれついたからに過ぎない。しかし私の方は自分自身の実力によるもの。これまでも、そしてこれからも侯爵は何千人といるだろうが、ベートーヴェンはここにいるただ一人だけなのだ。[17]

これはベートーヴェンがある侯爵（高位の貴族）にあてて書いたものです。

この激烈な言葉から分かるように、彼が追い求めた理想のひとつは「この世界で唯一無二の芸術家として尊敬されること」でした。そうあることが彼にとって人生の目的、かつ成功にほかなりません。

だからこそ、制服を着て使用人のように仕事をしたり、役人食堂で食べるなどもってのほか、自分の信念をこめたオリジナルな作品を世に送り出したわけです。

ベートーヴェンが凄いのは、過酷な運命やさまざまな失敗にもめげず、自分の理想を死ぬまで追求しさったことです。

大体の人はある時期がくると疲れてしまい、しかたなく妥協する、もしくは地位や権威といった安全圏におさまって、残りの人生を逃げきろうとします。しかしベートーヴェンは、

図4・10　ベートーヴェンのデスマスク

最晩年に至ってもなお、彼以外だれにも書けない傑作を世に送り出しました。

とはいえ、それは想像を絶する苦しみや怒りを伴ったはずです。

「世界でただひとりのベートーヴェン」となるのに、一体どれだけの技能が必要とされるでしょうか。一体どれだけの競争にうち勝たねばならないでしょうか。

これほどの高い理想です、思い通りにならない現実はひっきりなしに訪れ、ストレスに悩まされたことでしょう。実際、晩年には神経性の腹痛や下痢に、たびたび襲われています。

夢や個性を追い求めるのは良いけれど……

すでに見てきたとおり、ここ２００年ほどの常識ではベートーヴェンのように生きることが芸術家としても成功者としても理想とされました。

それに影響された我が国でも、あらゆる学校が「生徒の個性をはぐくむ」ことを方針に取り入れているように、私たちひとりひとりがオリジナリティーあふれる特別な存在であれと教えられます。その個性を活かしつつ「夢をもつこと」「夢をあきらめないこと」を教えられます。

しかしながら、それらの教えを忠実に守るほど、「成功・失敗」「勝ち・負け」「比べる習慣」だけで人生の価値をはかる傾向がともすれば顔を出して、苦しみや怒りが生まれやすいことは無視されています。目指すものが高く、こだわりが多く、達成しようとする気持ちが強ければ、なおさらそうなることも……。

誤解しないで頂きたいのは、これまでの常識を否定しているのではないことです。

近代西洋ＯＳが大成功して、私たちに恩恵をもたらした事実を無視するのは愚の骨頂というもの。それに、ある程度の苦しみや怒りはついてくるのが人生ですし、目指すものを持っていないと人生が停滞してしまうでしょう。

この私だって、基本は今でも近代西洋ＯＳで動いているのです。

ただし、それを過信して起こる罠《わな》に気を付けたうえで、次章でみる東洋のＯＳもほど良い具合に活用するようにしています。そうするうちに、苦しみが生じても前ほど深刻にならなくなったうえ、成功をことさら求めなくても、ワクワク感に素直にしたがって何らかの実績が積めるようになりました。

こうなるきっかけを与えてくれた人――私を一文無しにした詐欺師には感謝しています。

エピローグ

本章では、近代西洋ＯＳの欠点――正確にいえば、それを過信することで発生する問題――を考察してきました。

前章でふれたように、日本人が近代西洋ＯＳを使うことの根本的な問題について、明治の時点で鋭く見抜いていたのが夏目漱石です。本章のエピグラフは、そんな漱石の代表作から2つ、それぞれ第1節と第2節を象徴するフレーズを選びました。

いかがでしょう。またしても核心をズバリと言い当てていると思われませんか。

『草枕』のほうは、引用したイチローさんの発言と見事なまでに一致しています。明治人やアメリカ人でさえ、機械の部品のように個性が発揮できないときがあったわけです。そうなってしまうと高度なパフォーマンスに欠かせないワクワク感を抑えてしまいます。

今の私たちではどうでしょう。学校教育では「個性が大事」だと散々いわれながら、いざ就職してみると個性があまり必要とされていない状況は、世界中どこでもあります。ただし我が国の場合、ＳＤＧｓのところでふれた同調圧力がそれに輪をかけてしまっていて、私たちが向き合うべき問題です。

一方、『吾輩は猫である』の一節は、自由であることのメリットを享受するかわりに、苦悩を引き受けなくてはならないジレンマを端的にあらわしています。

漱石がよく小説のなかで描写したのが人間のエゴイズムです。維新によって「自由」を手にした日本人が、自分の利益を最優先するようになったこと。そして、そこから生じる人間の苦しみが、漱石にとってペンを通じて訴えたい切迫したテーマだったのです。[*18]

＊

明治維新によって日本が近代化をなし遂げてから１５０年以上が経過しました。

これはつまり、「今どきの若い者は……」という世代交代でお決まりのシーンが5回ほどくり返されたことになります。言いかえるならば、第2部であきらかになった近代西洋ＯＳの良い部分にも、そして悪い部分にも、私たちはそれだけ強く染まっているということです。

豊かさをもたらしてくれた近代西洋ＯＳ――もういちど強調しておきますが、それを否定するのは無意味です。

しかし、ビタミンでも取りすぎると内臓を痛めてしまうように、そればかりに頼っても、本章でみたように犠牲となるものが発生します。私がスランプにおちいったのも、ひとつのOSにかたよってバランスを崩していたのが原因でした。

それではどうやってバランスをとれば良いのでしょう。

本書の目的にそって言いかえれば、近代西洋OSとは別に、どのようなOSを自分にインストールすれば、自分の思考回路をよりフレキシブルなものへと変えられるのでしょうか。激しい変化にも惑わされずに、柔軟に対処できるようになるでしょうか。

つづく第3部で、私なりのご提案を示すことに致します。本書も終盤に入ってきました。

〈本章エピグラフの出典〉
『草枕』第13章より「夏目漱石全集3」（筑摩書房）を底本とした青空文庫から引用。
『吾輩は猫である』第11章より「夏目漱石全集1」同右。読みやすいよう一部改変。

Column 4

〝理想の芸術家〟が苦しみ、あこがれた幸せ
ルートヴィヒ・ヴァン・ベートーヴェン作曲
『バガテル　変ホ長調　作品１２６‐３』

今回のコラムは、やはりベートーヴェンの作品がふさわしいでしょう。彼には『運命』や『第九』などの有名曲もありますが、日ごろクラシックを聞かない方にも楽しんで頂けるよう、短い曲を取りあげるのが方針です。

そこで、晩年（死の3～4年前）に書かれた、とっておきの逸品をご紹介します。

「バガテル（Bagatelle）」というのは、「バラード」とおなじく曲のジャンルの名称です。文字どおりには「見栄をはらない短い曲」くらいの意味で、そこから転じて、ちょっとした手すさびで作曲した小品のことを指すようになりました。皆さんご存じ『エリーゼのために』も正式には『バガテル第25番』といい、このジャンルの一

種です。

『バガテル』作品１２６の第３番は、たった数分のピアノ曲ながら、まるで天国にいるような安らぎ、そして幸せに満ちています。

低音域ではじまった優しいメロディーが、すこしずつ高い音域へと移ると、突然なだれを打つように急速な音が鍵盤をかけめぐります。天国にいながら、生前の苦しみをほんのりと思い出すようです。

そのあと冒頭のメロディーが左手で再現されるのですが、それと同時に右手でつむがれる高音の美しさといったら！　天国のきらめきが眼前に広がる感覚におそわれます。

そして最後はふたたび低音域にもどり、幸せをかみしめるように曲を閉じるのです。

ベートーヴェンというと〝情熱的〟〝悲劇的〟のイメージがありますが、実のところ長調（明るいムード）の曲がだんぜん多いのです。「世界でただひとりの芸術家になる」という義務感から離れたところ、つまり本心では幸せに飢《う》えていたのではないでしょうか。

図C・4　グスタフ・クリムト『ベートーヴェン・フリーズ』より「歓喜の歌」（部分）。天国から「歓喜の歌」（『第九』）を歌っている天使たち。

幸せな人だからといって、必ずしも幸せな曲を書けるわけではありません。逆に、とてもつらい状況であるからこそ〝幸せ〟へのあこがれが強くなり、かえって幸せな人よりも幸せな曲を書ける場合だってあるのです。

このバガテルはそのような曲のひとつ。散々に苦しみながらも己をつらぬいた最晩年のベートーヴェンだけがあこがれ、創造できる天国の情景です。

耳の聞こえない彼が〝聴いた〟天上の音楽――これぞまさに孤高の境地、自分らしさに重きをおく近代西洋における理想の芸術です。そのOSだけに頼らなくなった今の私でも、これには尊敬の念しかありません。

私がこの曲に出会ったのは、大学院に入ろうとしていた頃でした。二浪してノイローゼになったとき、私をいつも慰めてくれた作品のひとつです。拙《つたな》いながらも、涙を流して弾いていました。

なぜ涙がでて、慰められるのでしょうか。「この私も苦しかったよ」と、ベートーヴェンが語りかけてくれるような気持ち、もしくは、誰かに自分の苦しみを共感してもらっているという気持ちが湧くからでしょうか。

ぜひ皆さんも、寝る前などの気分が落ち着いているときに、ベートーヴェンの幸せを思いやりながら聴いてみてください。きっと明日への力をもらえますから。

＊コラムで取り上げた曲は、私のユーチューブ・チャンネルにある再生リスト（「光文社 新書『「宇宙の音楽」を聴く』」）でお聴きになれます。

第3部

第5章　〝自分〟は存在しない

おお、我が心よ！
全宇宙の神がお前のうちに宿ったのだ
これ以上なにを欲するというのか
どうして幸福でないことなどあろうか
　　ティヤーガラージャ（作曲家）

プロローグ

私が東洋思想を真剣に学ぶようになったのは、日常のひとコマがきっかけでした。

まだスランプで苦しんでいた時期のことです。私は、シャワーを浴びたあと、指の爪を切っていました。

　そして、切った爪が飛び散ってしまったので拾おうとした瞬間、ふと思ったのです。

「この爪って、もう自分ではないのかな？」

　つい数秒前までは〝自分の爪〟だったものが、身体から離れてしまうやいなや、そうではなくなる……。当時、〝自分〟を縛っている思考回路について思いを巡らせていた私には、何となく心に引っかかるものがありました。

　爪が伸び続けるように、人体では新陳代謝、つまり細胞の生まれ変わりが起こっています。

「船を構成する全部の部品が新しく置きかえられたなら、その船は前と同じものだろうか？」という哲学における有名な問いがありますが（図5・1）、もしも1年で人体すべての細胞が生まれ変わるとしたら、この私は、去年と今年では同じ〝自分〟なのでしょうか。

　どうも私の心は休まりませんでしたから、いろいろな本にあたり

図5・1　テーセウスの船。ギリシャ神話の英雄テーセウスの乗った船が、西洋哲学でしばしば議論の的になった（絵画はギリシャの“海の風景画の父”コンスタンティノス・ヴォラナキスの『アルゴー号』）。

ました。そして出会ったのが、「自分に執着するな」「自分などマボロシだ」と教える東洋思想だったのです。

自我の尊重からすべてが出発する近代西洋ＯＳを、ずっと当たり前として生きてきた私にとって、それは衝撃きわまる思考回路でした。とても理解が難しくて、最初のうちは困ったものです。

しかし、この出会いは私の自己変革にとって大きな転機となりました。

＊

これからの第３部（第５章・終章）では、近代西洋ＯＳに支配され過ぎることの問題点をいかに克服して、苦しみや怒りに引っ張られることなく、変化にうまく対処できるようになるかが焦点になります。

さて私の場合、おそらく自分が東洋人であるからか、その問題点については、東洋のＯＳでバランスを取ることで、かなり避けることが出来ました。なかでも親和性が高かったのは、今ふれた〝爪切り事件〟をきっかけに出会った２つのＯＳ[*1]——中国のタオイズム（老荘思想）、そしてインドにおける宇宙との一体化をめざす思想——です。

ですから、前半の第５章では、それら２つの基本的な説明を、そして後半の終章においては、私がそのOSをどのように活用し、どう変わったのかを述べるつもりです。

*

本章では、第1部と同じように「宇宙の音楽」に再登場してもらい、2つの**古代東洋OS**[*2]について、その基本的なコンセプトをお伝え致します。

ただし、あくまでも第3部の目的にそった観点からの、的《まと》をしぼった解説です。本章であげた内容だけが、その思想すべてを代表しているわけではありませんので、どうかご注意ください。

それでは、まずタオイズムからご紹介して参りましょう。

第1節　「美人でも動物は逃げる」～理性と知性の盲点をつくタオイズム（老荘思想）

「私は『宇宙の音楽』を聴いていたのだよ」

遠いむかし、中国にあった楚《そ》という国にある賢人が住んでいました。

あるときその賢人が、ひじ掛けにもたれかかったまま、まるで自分の肉体があることを忘れたかのように茫然《ぼうぜん》と座っているのを、弟子がたまたま見かけます。

「どうされたのですか?」

弟子が声をかけると、師匠は我にかえって、次のように返事をしました。

「私はいま自分がこの世にいることを忘れていたよ」

つづいて弟子にこう問います。

「ところで君は、『人間の音楽』や『大地の音楽』は聴いたことはあっても、『宇宙の音楽』はまだ聴いたことはないだろう?　さっき私はその『宇宙の音楽』を聴いていたのだよ」

「『人間の音楽』は笛や琴のような人によって奏でられる音、『大地の音楽』とは大地にふく風の音のことですね。しかし『宇宙の音楽』とは初耳です。どうか先生、それを教えてくださいますか?」

それに対して師匠はこう答えました。

「ピーヒャラという笛の音なら人のはく息、ヒューという風の音なら大地の穴からはき出される息(*)が、それらの音の原因であると君は思うだろう?　けれどそれは違う。音を出させる原因なんて本当は存在しないのだよ。その真実を悟ったとき、君も『宇宙の音楽』を聴くことができるだろうよ[*3]」

＊古代中国では、大地の穴があくびすることで風が発生すると考えられていました。

野に咲く花のように無為自然に生きる「道」

このヘンテコな架空の逸話を生みだした**タオイズム**は、**老子**《ろうし》（生没年不詳・前6世紀？）によって創始され、**荘子**《そうし》（前4世紀後半ごろ）が完成させた古代中国の思想です。日本ではふたりの名をもじって**老荘思想**と呼ばれるのですが、その中心的な教えとして登場する「**道**（みち・タオ・Tao）」という用語にちなんで「**道家**《どうか》」ともいわれるほか、世界的には「**Taoism**《タオイズム》」の名で知られています。

ここでちょっと野に咲いている一輪の美しい花を思い浮かべてください。

その花は、種から芽がでてからというもの、自然の中でほったらかしのまま、その姿になりました。人の手できちんと育てられたわけでもないのに、その花はどうして美しいのでしょうか（図5・2）。

タオイズムで考えると、それは花が〝無《む》為《い》自《し》然《ぜん》〟であるからです。

「私をみて！」

「私は美しいでしょう？」

「私はこんな高級な品種なのよ！」

図5・2　野に咲く花が、なぜ心を打つのか？

その花には自我からくる主張は一切なく、なにも為そうとせず（＝無為）、あるがままに（＝自然）咲いている——だからこそ真に美しい……。タオイズムの創始者・老子は、このように考え、無為自然の状態になることを「『道』と一体化している」と表現します。

「道」とは、一言でいえば、すべての根源です。それは姿かたちも音さえもない存在なのですが、一切のものがそこから生じて、またそこへ還《かえ》っていきます。つまり究極かつ永遠不滅の存在なのです。その意味では〝神〟と呼べるかもしれないにしても、キリスト（ヤハウェ）やアマテラスのような、人の姿や性格をもった神ではありません。

老子自身は「道」について次のように描写しています。

何ものか一つにまとまったものがあって、天地よりも以前に生まれている。静まりかえって音もなく、おぼろげでいて形もなく、何ものにも依存せず、何ものにも変えられず、宇宙のすみずみにあまねく現れていて、休むことなく脈打っている。それはこの世界を生み出す母だといえよう。

（『老子道徳経』第25章より。金谷治と福永光司の訳を参照）

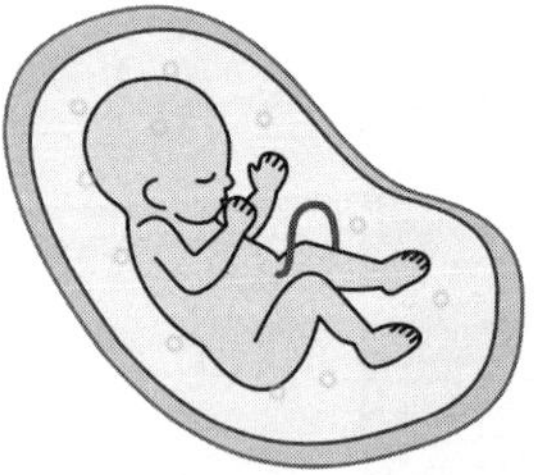
図5・3　母なるエネルギーとの一体化

いろいろな解釈がありますが、ここでは全宇宙の根源エネルギーのような存在としておきましょう。つまり無為自然である花は、この自然を生みだしている母なる生命エネルギーと一体化しているというわけです。へその緒《お》で母体とつながっている、純真無《む》垢《く》な赤ちゃんのように（図5・3）。

老子は、われわれ人間も無為自然に生きて、「道」という根源的なエネルギーと一体化して生きることを理想にすえました。

そのような境地に入ることこそが、人間にとって真の幸せであると考えたのです。

〝名〟を付けることが実は不可能な「道」

ご存じのとおり、「道」はもともと道路をさす言葉です。ゆえに老子は、そこから〝真実への道〟というニュアンスをもたせ、この言葉を今のべたような意味として使っています。しかしながら、老子は次のようにも言っているのです。

わたしにはその本当の名すら分からないから、仮の呼び名をつけて「道」とよぶ。

（同書第25章より。金谷治の訳を参照）

すなわち「道」とは、実のところいかなる名前でもいい表せない存在なのであり、〝かりそめの〟名称として仕方なくこのように呼んでいると、老子は読者に注意をうながしているのです。もっと厳密に定義をしたほうが分かりやすいはずなのに、「あくまでも便宜的に『道』と名付けている」とわざわざ断っているのは、一体なぜなのでしょうか。

実は、ここがタオイズムのユニークな思想を理解するうえで、大きなポイントとなってきます。

太古のむかし、人間の言語はそれほどに発達してはいませんでした。しかし「木」「火」「嬉しい」「早い」といったように〝名付ける〟ことで語彙《ごい》がふえ、ついには「〇〇語」が成立します。したがって古代中国では、言葉や論理について研究する学派を「名家」と呼びました。このことは第1章でもふれたのを覚えておられるでしょう（83ページ）。

老子がいう「道」はすべての根源たる存在ですから、この〝名付け〟のプロセスを最初までさかのぼった次元にあります。つまり、どんな言葉によってもまだ名付けられていない次元です。

これについて、彼の言葉から掘り下げてみます。

> 真実の「道」は、名としては表せないもので、それは手をまったく加えていない材木のように素朴そのものだ。その素朴なものが初めて手を加えられると、そこに道具ができて名がつけられる。そして、すでに名がつけられたとなると、そこから無限の区別が出てくる。

（同書第32章より。金谷治と福永光司の訳を参照）

たとえば、あるものを見てウットリした私たちの祖先が、その感覚を「美しい」と名付けたとしましょう。するとその時点で、そのような言葉さえなかった素朴な次元から離れることになります。

そしていったん「美しい」という言葉ができると、その反対の気持ちをあらわす「醜い」という言葉も必要になって、そう名付けられるでしょう。さらにはもっと細かい違いを表現するために「かわいい」「おぞましい」などといった名付けも発生するでしょうし、この名付けによる分化作用はキリがなくなっていきます。

要するに、もともとは名さえ無かった根源的な存在がひとつだけあったのに、人は名付けていくことで〝分けて（＝区別して）〟ものごとを理解しようとします。それゆえに「無限の区別」という表現になるのです。日本語でも「理解する」ことを「分かる」というように、この区別化は〝**名**〟（＝言葉や論理）に頼っているかぎり避けられません。

言葉で考えることの限界とリスク

しかし老子にとってみれば、これこそ人が苦しんだり不幸になったりする元凶なのです。

本来なんの区別もなかった存在（「道」）を人間が恣意《しい》的に分けることでつくりあげた〃名〃の世界――そこに囚《とら》われているから、「自分は美しい」「自分は醜い」と私たちは執着することになります。すなわち、人の勝手な基準でつくられた言葉によって区別された世界を、絶対に正しい現実として受け入れてしまうことで人間は迷いはじめるのです。

どんな美人であっても、それを見て美しいと考えるのは人間だけだ。魚はそれを見ると水底《みなそこ》にもぐり、鳥はそれを見ると空へ飛び、鹿はそれを見ると飛び上がって逃げ出す。

（『荘子』斉物論《せいぶつろん》第二より。金谷治訳を参照）

老子の後継者・荘子はこのように語りました。言葉が決して絶対的な真実をいい当てていないことを暴き出し、それに縛られる無意味さを説いたのです。

ところが、現実の私たちはどうでしょうか。

図5・4　東洋美人の代名詞・楊貴妃。この絵では、楊貴妃の顔に見とれるように机の上に鳥がとまっているが……。（宝山遼墓壁画）

「指揮者はこうあるべき」という私が抱いていた理想にしても、それが頭に浮かぶ言葉である以上は〝名〟にほかなりません。理想は人生の推進力にはなりますが、それに過度にとらわれる（＝〝名〟に縛られる）と苦しみが生まれることは前章でふれました。

また、もしも成功欲求が強すぎると「もっと認めてもらおう」「このくらいの稼ぎが自分にふさわしい」といった〝名〟の虚栄心となり、プライドに執着すると「みっともない姿は見せられない」といった〝名〟の怖れに転じることでしょう。

ビジネスにおいても同じ。自社株買いを進めていた企業が、コロナウイルスで経済活動がストップするや手元資金がなくなって倒産しかけるのも、「株価は高く」「もっと儲けたい」という〝名〟にとらわれ過ぎて、経営バランスを崩した結果です。

成績・収入・フォロワー数……。

こういった〃名〃を、さも人生の真実のように受けとめて、一喜一憂しているのが私たちの姿ではないでしょうか。

西洋と真逆の人生観、そして〃無我の境地〃

いずれにしても、言葉のはたらきに対して批判的であることがタオイズムの大きな特徴で、西洋と見事なほど正反対な思考回路になっています。

「欲望が苦しみを生むから、それを抑えよ」とはキリスト教でも教えられますが、それらを助長する要因が私たちの理性（言葉で推理する能力）と知性（言葉を覚える能力）にあるなんて主張には決してなりえません。「初めに言（ことば）が神と共にあった」——第１章のエピグラフに象徴されるとおり、理性を使ってものごとの真理を探求する**理性中心主義**が大前提です。

ただしその結果、微妙なニュアンスの違いでも言葉による区別をつける必要がでて、ゲンナリするほど多くの言葉（専門用語）が作られることになり、私はそれを「**区別知**」の体系であると呼びました（85ページ）。

つまり、言葉や論理ぬきには成り立たないのが西洋です。科学だってその体系なしに考えられません。成功にしても、自分で試行錯誤しながら成し遂げるものとされます。

すなわち、神から人間だけに与えられた理性をフル回転させれば、あらゆる現象を説明できるし、望むように人生を変えられるということ。言いかえれば、頭を使って人為的にものごとを処理していくのが西洋ＯＳの基本です。

それに対してタオイズムＯＳでは、自分の人生にしろ世の中のことにしろ、人間が人為的にコントロールしようとするとロクなことが起こらないと考えます。

「人為」とは文字どおり「偽（にせ）」であって、〝名〟で頭のなかを一杯にしつつ自分の力で何とかしようとしても、先ほど述べたように、人間は苦しみや不幸へとおちいりやすいのです。

したがって、タオイズムの人生観は次のようになります。

「自分から思い通りにしようとせず、野に咲く花のように自然な流れに身を任せて生きよう」（図5・5、次ページ）

図5・5　張路『老子騎牛』。自然の流れに逆らわず、牛に乗ってゆっくり人生を進む老子。

いかがでしょうか。「自分の（思う通りの）夢をかなえることが人生の成功であって、それは自らの力で勝ち取るものだ」という近代西洋の常識とは真逆のメッセージです。

　このメッセージは、西洋がルネサンスから大事にしてきた〝自我〟、つまり自意識の尊重とも相容《あいい》れません。もちろん、自意識が元になっている「自由」の考え方とも相性が悪いものです。

　個性・技能・成功者といった〝名〟による区別をせず、すべての人が平等に、**あるがまま**の状態でそこに存在するのが「道」の次元とされます。

　すなわち、いかなる固定観念にも縛られないで、自分も他人も混然一体となって受け入れた境地こそ、タオイズムOSが目指すべきもの。老子自身のたとえを借りると、自然の地形にけっして逆らうことなく高所から低所へと流れ、それでいて分けへだてなく自然を潤《うるお》す、水のような生き方をすることです。[*4]

そのような境地に入るにあたっては、〃名〃や欲望に引っぱられる自意識がどうしても邪魔になります。
よってタオイズムでは、それを克服した〃**無我の境地**〃が尊ばれることになるわけです。[*5]
言うまでもなく自我を無くすことですから、やはりこれも西洋とは真逆になっています。

タオイズムが〃聴く〃「宇宙の音楽」

ではここで、「宇宙の音楽」が登場した冒頭の逸話に戻りましょう。

自分の存在を忘れたかのように茫然と座っていた師匠は、自分は「宇宙の音楽」を聴いていたと弟子に言います。さらには、「人間の音楽」にも「大地の音楽」にも、音を出させる原因など存在しないことを悟ったとき、「宇宙の音楽」を聴けると教えています。

実は、このエピソードを創作したのは荘子なのですが、何を訴えようとしているのでしょうか。

まず、茫然と座っていたというのは明らかに〃無我の境地〃です。自意識がなく、あるがままの状態——すなわち無為自然、「道」と一体化した境地になっていたことを指しています。

その状態においては〃名〃から完全に解放されていますから、常識的な思考にとらわれることもありません。

常識人なら「笛の音を出させるのは息だ」と考えるにしても、「道」の次元では「原因なんて存在しない」のです。つまり思考するうえで基礎中の基礎にあたる因果関係（原因と結果）さえも、〃名〃による区別ですから放棄されています（図5・6）。

もしこの次元に身を置くことができたなら、自意識がありませんから自分と笛の音の区別もなく、すべてが根源から一体化した感覚になってあるがままの笛の音を聴くことになります。

図5・6　仙厓義梵『○△□』

そして、このときに聴いている音こそがタオイズムにおける「宇宙の音楽」なのです。これは皆さんにもすぐに体験できます。ちょっとリラックスして、目をつぶってみて下さい。つづいて何も考えないようにしながら、周りの音に耳をすましてみます。

どうでしょう。特別な訓練を受けていない方でも、最初の数秒くらいは無我の境地のまま音を聴けたのではないでしょうか。ただし数秒後には、「娘が歌っている」「これは風の音だ」といった〝名〟が頭に浮かんで邪魔されると思います。

この最初の数秒間の、あるがままに聴いている娘さんの声や風の音——これが「宇宙の音楽」なのです。しかし〝名〟が浮かんだ瞬間に、たんなる「人間の音楽」「大地の音楽」へと戻ってしまいます。

要するに、西洋や（次節でみる）インドにおける「宇宙の音楽」とは違って、タオイズムにおいては「宇宙の音楽」という特別なジャンルの音楽があるわけではありません。思考を空っぽにして「道」と一体化しながらあるがままの音を聴けるようになって欲しい——これが冒頭の逸話における荘子の真意というわけです。[*6]

ぜひ第1章を再読されて、西洋人による理性（〝名〟）をフル動員した「宇宙の音楽」の〝聴き方〟と比べてみて下さい。タオイズムの〝聴き方〟とあまりに違って驚かれることでしょう（ちなみに、老子はピタゴラス、荘子はプラトンとだいたい同じ時代です）。

西洋とタオイズムは、やはり根本的なところから正反対のＯＳなのです。

「人の命はいつ生まれた？」

ちょうど私が一文無しになった頃のことです。

ニューヨークのユニオンスクエア公園をたまたま通りかかったとき、あるインド人のグル（導師）が講話をしていたので立ち聞きしたことがありました。その内容はほとんど忘れてしまったのですが、ひとつだけ覚えていることがあります。

彼が次のような質問を会衆に投げかけていたのです。

「人の命はいつ生まれたのか知っていますか？」

さて皆さんはこれにどう答えるでしょうか。誕生日にお母さんの胎内から出た瞬間と答える方が多いかもしれません。

ところがよく考えを巡らせると、この答えはおかしいことが分かります。だって、赤ちゃんは胎内でも生きていますから。お腹を蹴《け》ってはお母さんを困らせますし、「モーツァルトは胎教にピッタリ！」なんていう話もよく聞きます。私も母の胎内でクラシックをたくさん聴いていました。

では、いつ生まれたのでしょう。胎児が人間の形になってからでしょうか。

日本の法律によると、妊娠12週未満の胎児を中絶した場合は〝医療廃棄物〟として処理され、それ以上の胎児であれば埋葬される規定になっています。しかし、12週未満であっても立派に赤ちゃんの形に育っていて、心臓も動いています。明らかに生きているのです。ですから、もし本当に〝廃棄物〟として捨てられるとしたなら、非常に後味が悪いものです。[*7]

それでは受精の瞬間でしょうか。いえ、それも違います。ご両親の精子と卵子は生きているからです。もしもこの二つが死んでおり、まったく動いてもいないのが合わさって新しい命が胎動《たいどう》し始めるのなら、この時点をもって「人の命の開始＝誕生」です。ところが現実はそうではありません。

とすると、ある人の命のスタート地点を探るには、祖父母・曽祖父母……と、生命の流れをどんどん遡って行かざるをえないことになり、最後にはすべての生命の根源にまでたどり着きます。

論理的に当然の結論です。進化論が正しいかどうかに関係なく、人間以外もふくめた全生命は、ひとつの根源的な生命へと繋《つな》がっていきます。つまり、人の命にしろ、他のいかなる命にしろ、確実なスタート地点と認められるのは、そこしかないのです。

そして大事なのは、そのスタート地点から生命は脈々と受け継がれているということ。

ひとつの大きな、永遠に変わらず存在しつづける根源生命があって、そこからすべてが流れ出ているさまを想像して下さい。

前節で使ったたとえを用いるなら、へその緒で母体と繋がって、根源的な生命エネルギーを供給されている胎児――この胎児にあたるのが私たち人間や動植物というわけです。

もしもこの説明に違和感をもたれるとしたら、それは皆さんが〝自分の命〟という考えを当たり前のように信じているからだと思われます。「自分の命は、せいぜい精子と卵子が合体したタイミングだろう」と。たしかに常識ではそうかもしれません。

ならば次も合わせて考えてみましょう。

脳死状態の人は、「これが自分の命なのだ」のように自意識を保つことは不可能です。だったら脳以外の場所で生き残っている細胞は、もはやその人の命ではないのでしょうか。だったら、その人の精子と卵子も、その人の命ではないことになります。ですが脳死状態の女性であっても、妊娠して子供が産めることは知られている事実です。

つまり、「生きていること=自意識があること」という認識は、あきらかに私たちの勝手な思い込みだということ。

このように、現実を観察して徹底的に考えぬくならば、生命はすべてひとつに繋がること、そして「自分の命をもっている」という常識が、実のところ正しくないことが分かります。

私がユニオンスクエア公園で出会ったグルは、この結論を伝えたいがために冒頭の質問を投げかけたのです。

ブラフマンとアートマン

古代から続くインドの伝統的な思想では、このグルが説明しようとした永遠の根源生命を「ブラフマン[*8]」と呼びます。彼の説明からは人間だけに聞こえたかもしれませんが、動植物や一般的には生命でないと考えられている物質にもブラフマンが流れ出ていると考えられています。

すなわちブラフマンとは、この世の存在すべての根源的なエネルギー、しかも永久不変の存在です。それゆえに、それは「**宇宙**」や「**神**」とも見なされています。

図5・7　シュリー・ヤントラ。すべての根源である中央の点から、上向きの男性原理と下向きの女性原理によって揺らぐことによって万物が生成されていく。このような悟りのための視覚的ヒントを与える絵をヤントラという（音声ならマントラ）。一部の世間で信じられている金運アップなどは、これらと一切関係ないので注意。

インドにおいて一般的に〝神〟として信仰されるヴィシュヌ神やシヴァ神でさえも、ブラフマンがそれぞれの姿かたちへ変容したもの。さらに、シヴァ神が宿るとしてアルナーチャラ山が巡礼地になっているように、それらの神々は（やはりブラフマンが根源にある）他の姿かたちにも変容が可能です。

このようにインドの伝統的な感覚では、言霊信仰や御神木《ごしんぼく》がある日本のそれと似ていて、この世のすべてが〝神〟となりえます。

それに対して、私たちの中に流れている――すなわちブラフマンから人間ひとりひとりへと流れ出ている――根源的な生命が「**アートマン**」です。

ただしこのアートマンとは、私たちが常識的に感じている〝自分の命〟ではありません。

グルが教えてくれたように、〝自分の命〟とは、自意識が作りあげた低次元のマボロシに過ぎないと考えるのがインド思想です。

ふたたび前節の、野に咲く花のエピソードを思い出してください。

野花は、やはり根源エネルギーである「道」と一体化しているゆえに迫真のエネルギーを放っています。ところが人間の場合、〝名〟や欲望にまみれた自意識が邪魔をして、「道」となかなか一体になれませんでした。（タオイズム版の）「宇宙の音楽」が聴けるのも、わずか数秒間だったはずです。

アートマンも「道」と同じく高次元な存在で、自分の中に流れているはずなのに、ふつうの低次元な意識状態では感じとることができません。

ですからアートマンは、通常の自意識である「**小我**」（＝エゴ）とは明確に区別されて、「**魂**」「**大我**」「**真我**」「**霊我**」「**高次の自我**」「**あるがままの自分**」など、さまざまな名称で呼ばれているのです。もしくは心理学の用語を借りて、小我を「**顕在**《けんさい》**意識**」、アートマンを「**潜在**《せんざい》**意識**」として教えているグルもいます。

ここで大事なポイントは、ブラフマンとアートマンは、究極的には同じものであるということ。アートマンはブラフマンから流れ出ているものですから、当然といえば当然です。

今この瞬間も、自意識では気付かないにせよ、ブラフマンはアートマンとして皆さんの中で脈動しています。

インド人にとっての悟り

インドの修行者たちが古代からずっと人生の目標としてきたのは、アートマンを感じとれる次元にまで自分を高め、宇宙そのもの、神そのものであるブラフマンと**一体化**することでした。それと一体化するとは、自分自身が宇宙または神となるに等しい行為だからです。

現在のインドの宗教である**ヒンドゥー教**と、その先祖にあたる**バラモン教**、そのバラモン教への抵抗から生まれた**仏教**、そしてその一流派である**禅**……。

いずれも根本では、ブラフマンとの一体化をもって〝悟り〟とする伝統的な思想を、多かれ少なかれ受け継いでいます。

より一般的には「自己と宇宙の一体化」「人と神の合一」といった表現が使われ、インドではこれを達成したものが聖者として崇《あが》められるうえ、不思議な力までも獲得できると信じられています。タオイズムでいえば、「道」との一体化をなし遂げ、無為自然の境地で生きている仙人のような存在でしょう。

ただし人間の場合、自意識によるノイズが激しいため、アートマンに直接アクセスするには、自分を修練によって高める必要があります。

しかし、それさえクリアすれば、その人は〝神になる〟のです。もともと人間にも神のエネルギーが流れているのに、不純な自意識のせいで気付かなかったのですから、〝神へと戻る〟といった表現の方が適切でしょうか（図5・8）。

図5・8　アートマンとブラフマンの一体化。水のしずくが、母なる大洋へと還るたとえが使われる。しずくも大洋も形は違えども同じ水である。

20世紀になって世界に広まった**ヨーガ**にしても、あのように身体を動かす目的は、単なる健康のためではありません。身体の動きに全神経を集中させることで余計な自意識をなくし、みずからが宇宙生命の一部であると身をもって悟る、つまりブラフマンとの一体化が本来の目的です。[*9]

ちなみに、（不思議な力や悟りは横に置くとしても）宇宙と一体化する体験については確かに存在し、その人にたいへん特別な感覚をもたらします。それについては信頼できる無数の史料や証言によって裏付けられるもので、事実であることに間違いないでしょう。

大阪大学名誉教授などを歴任され、ご自身もヨーガを実践されていたインド哲学者・佐保田鶴治博士（１８９９〜１９８６）は、この感覚について次のように述べられています。

「宇宙意識」というのは、偶然にか、または長期の神秘的修行の後かに、突然に起こる神秘的な意識体験なのです。この種の体験において、人は自分が宇宙へ向かって無際限《むさいげん》に拡《ひろ》がっていくことを意識すると同時に、自己と宇宙生命との間の久遠《くおん》のつながりを感知します。[*10]

図5・9　悟りをひらくヨーガ行者。チベット仏教の聖者ミラレパとみられる人物が、根源と一体化している様子の象徴画。仏教なので上にはブッダが描かれている。（作者不詳）

「すべては丸ごとひとつ！」～ご縁の奇跡

残念ながら、この感覚は体験した者にしか分からないものです。

しかし、次のような思考実験によって、特別な修行をしていない私たちでも疑似的に体験することはできるかもしれません。

〝ご縁〟について考えてみて下さい。

私たちは普段、この言葉を「人との出会い」という意味でおもに使っています。しかし、もともとは「すべての現象は何ひとつとして独力では起こらない」ことを説くブッダ（釈《しゃ》迦《か》）の教えで（「縁起説《えんぎせつ》」）、必ずしも人との出会いに限定されるわけではありません[*11]。

たとえば、いま皆さんは本を読んでいます。これ自体は単純な事実としても、皆さんと本とが存在してくれることで起こっています。つまりは相互あってこそ成り立つ関係で、これが皆さんと本書の〝ご縁〟です。

ここからさらに踏みこんでみて下さい。「本を読んでいる」という現実は、一体どれだけのご縁があれば成立するでしょうか。

ためしに、本そのものからスタートしてみましょう。

本は紙が存在してくれることで成立します。その紙は樹木を加工したもの。その樹木は水・土・光など自然の恵みが無ければ育たず、その自然の恵みはといえば、地球や太陽などがあることです。とすると、ついには宇宙の存在にまでご縁は繫がっていきます。

人とのご縁に着目しても同様です。

筆者の私、出版社の方、書店の方、運送会社の方、印刷する方、パソコンをつくる方、その原料を採取する方と、限りない数になります。そして、人も自然の恵みによって存在しえるのですから、やはり最後には宇宙へとご縁が繫がるのです。

人であろうがモノであろうが関係なく、何かひとつのご縁でも欠けていたら、いま皆さんはこの本を読んでいません。つまり、皆さんがいる場所だけではなく、宇宙のすべての場所にいたるまで、ご縁は空間を超えて繫がっているということです。

くわえて、人も樹木もご先祖さまがいます。先ほどのグルの講話から分かるように、その生命の流れは根源にたどり着くまで延々と遡ることができ、やはりひとつでも欠けていたなら今の現実はありえません。ですから、時間をも超えてご縁は繫がっています。

要するに、「いま本を読んでいる」という事実を成り立たせているご縁とは、数え上げるのが無意味なほどの数で、現在も過去もひっくるめた宇宙の隅々にまで広がっているのです。

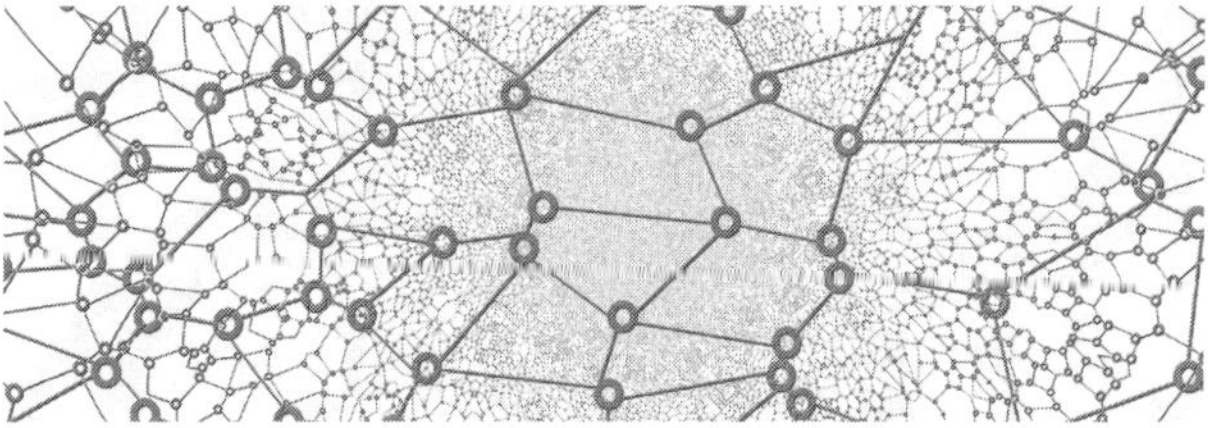

図5・10 ワンネス・一瞬でつながるご縁。ウェブサイトの"ウェブ"とは英語でクモの糸を意味する。インターネットが世界をクモの糸のように一体化させてくれるように、ご縁は時空を超えて世界を一体化させる。

しかも、このことは人生の一瞬一瞬における出来事、そのすべてに当てはまります。

ご縁など考えられないような何気ない瞬間でも、「座っていられるのはイスのおかげ」「眠っていられるのはベッドのおかげ」といったふうに、相互関係はいつも成立していて、それは全宇宙へと繋がっているのです。

皆さんは、この事実についてどうお感じになられるでしょうか。

私自身はというと、身震いするような奇跡に感じられて仕方ありません。この奇跡に思いをはせるとき、細胞の一個一個から宇宙全体まで愛おしくなるような、感謝したくなるような気持ちに包まれます。「すべては丸ごとひとつ！」という実感が湧いてくるのです。

ちなみに、この感覚——「たとえ存在が分かれているように見えても、実は丸ごとひとつなのだ」という啓示——

は、英語で「**ワンネス the Oneness**」と表現されます。数字の〝One《ワン》〟を名詞形にしたもので、「ひとつであること」という意味です。

ジョン・レノン（１９４０～８０）の名曲『イマジン』は、〝the《ザ》 world《ワールド》 will《ウィル》 live《リヴ》 as《アズ》 One《ワン》（きっと世界はひとつになって生きる）〟という言葉で結ばれており、東洋思想を学んでいた影響が現れています。

いずれにしても、以上の思考実験は、あくまで目に見える世界だけを観察したものですが、「自己と宇宙の一体化」のイメージとさほど変わらないと思って構いません。

ただ、実際にそれを体験した者はもっと生々しい感覚におそわれ、その人の人生に何らかの根本的な変化がおとずれるようです。

科学では把握不可能な視点から見ようとする〝ワンネスＯＳ〟

さて、ふたたび第１部を思い出してください。

キリスト教における神はただひとつ、〝本質の本質〟として別次元の場所にいながら、この宇宙を創造し、支配していました。人間をはじめとする存在物とはまったく別格で、一体化など絶対にできない存在です。キリスト像を拝むにしても、その像そのものに神性はありません。

　これが現象の世界と、その背後にある五感ではとらえられない本質の世界を、厳しいほどに区別する西洋独特のＯＳでした。そして近代、これがもとになって科学[*12]が誕生したわけです。

　一方、本節でご紹介したインドＯＳは反対で、「神とその他」「本質と現象」といった明確な区別をしません。[*13]

〝神（ブラフマン）〟は、西洋のように、この世の現象を超えた別世界にあるのではなく、この世界の中にあるもの。それどころか、この世の存在物そのものが神になっているほどで、「いまだかつて神を見た者はいない」[*14]とされるキリスト教とまったく違っています。

　ですから必然的に、現象ひとつひとつに対応する本質について、数学や観察を通じて探求しようとする科学的思考とは相容れないのです。

　科学の思考回路では、「大人」「子供」「赤ちゃん」「胎児」「受精」のように、現象（見た目・観察データ）が変わるごとに、本質をそれぞれ探ろうとします。現象をこまかく分類して考察しなければ成り立たないのが科学で、まさしくデカルトの分析による手法です。

ゆえに冒頭のグルのような発想にはなりにくく、近代西洋ＯＳに縛られる限り、ある時点をもって「人の命の誕生」と決めざるをえません。

その思考法によって万人への説得力を持つものの、前章で指摘したとおり、生命でさえもが部品のように扱われがちになります。妊娠12週をもって〝人間〟、それ未満が〝医療廃棄物〟とされるように。

いずれにしても、いっけん科学とは遠くて、私たちを困惑させるインド伝統の〝ワンネスＯＳ〟は、その正反対さゆえに、今の時代において可能性を秘めています。

すなわち、科学的にはじき出された指標にふり回されることに対して無意識のうちに疲れている心を、デトックスしてくれるだろうということ。

その証拠に、何事も科学データ重視のアメリカにおいて、ヨーガは爆発的に広まりました。初期の頃は、身体のエクササイズとして受け入れた面もありましたが、最近はヨーガの根本を理解したうえで実践している人もかなり増えています。

インド人が〝聴く〟「宇宙の音楽」

では、我らが「宇宙の音楽」について最後にふれましょう。

インド人は「宇宙の音楽」をどのように理解し、〝聴いて〟きたのでしょうか。

20世紀後半におけるインド古典音楽の巨匠で、ビートルズはじめ西洋の大物音楽家たちを心酔させた**ラヴィ・シャンカル**（１９２０〜２０１２）は、次のような意味のことを語っています。

我々インド古典音楽の音楽家にとって、音楽とは真の自我へと到達するための魂の修行であると言えるでしょう。というのは、我々は「音は神である」という伝統的な教えに従っているからです。

音楽による魂の修行をつむことで、

図５・11　ラヴィ・シャンカル

その人の意識［小我］は、永久不変である根源［ブラフマン］を嬉々《きき》として体験できるほど、覚醒《かくせい》した次元［真我・アートマン］にまで高められます。

我々が演奏するラーガ［インド音楽における即興《そっきょう》演奏の形式］は、この根源を知覚するための手段なのです。[*15]

いかがでしょう。

予備知識なしに読むと「アヤシイ」という印象を抱かれるかもしれませんが、これまでの説明から、ある程度の説得力をもって皆さんも理解できるのではないでしょうか。

もっとも大事なのは、「音は神である」という点です。

序章でも言及したとおり、古代人は「音楽には何やら不思議な力がある」「音楽は日常をこえた世界（＝神の世界）から来たもの」と信じていました。

インド人もその例にもれず、目に見えないにもかかわらず心を揺さぶる音の不思議な性質に、〃神〃すなわちブラフマンを見ました。

言いかえると、シヴァ神が顕現《けんげん》した（＝何らかの形として現れた）アルナーチャラ山のように、ブラフマンそのものが音という形で現れたのが音楽だと考えたのです。

ブラフマンとは、私たちに流れ込んでいるものであると同時に、この宇宙における全存在物の根源エネルギーでした。それが音として顕現するわけですから、自然や天体のみならず、人の魂や、人の姿をした神々まで、宇宙のありとあらゆるものは音を発していることになります。

これこそインド人が古代から〝聴こう〟としてきた「宇宙の音楽」の正体です。

宇宙にあまねく鳴り響いている点では、西洋版「宇宙の音楽」も似たようなものでしょう。しかし、別次元にいる神がそれを創造したとされる点が、インドと異なります。くわえて、人間に聞こえる音楽はもはや「宇宙の音楽」ではなく、最下位の音楽として扱うなど、神と人間とを厳しく区別する思考回路のもとで序列をつける点も違います。

対してインドでは、音自体が神、それどころか〝実はなんでも神〟という発想。人間だから、理性的でないからといった理由では序列をつけません。聞こえる音楽だって神とされます。

ただし、それを聴いてブラフマンと一体化するためには、ヨーガと同じく修行が必要です。

シャンカルが語るとおり、音楽の目的にしても一体化にありますから、演奏者はふだんの自意識から解放されたトランス状態（恍惚《こうこつ》状態・入神状態）になることが望まれます（図５・

図5・12　女性たちの演奏に合わせて踊るクリシュナ神。入神状態になることが音楽の目標。（作者不詳）

12）。

それは聴くほうも一緒です。聴きながら瞑想やヨーガなどを行うことによって、小我から真我へと、意識の次元を高めようとします。

自意識をしっかり保って頭（理性）をフル回転させる西洋とは対極にある姿勢——これが、インドにおける「宇宙の音楽」の〝聴き方〟なのです。

エピローグ

以上が、プロローグでふれた〝爪切り事件〟をきっかけに学んだ、２つの古代東洋ＯＳの概要です。あらためて近代西洋ＯＳとの対比を整理すると、次のようになります。

〈タオイズムＯＳ〉
「理性中心主義（近代合理主義）」「区別知」（専門への細分化）」「自由（自我の尊重）」と正反対
〈インドＯＳ〉
「現象と本質の区別（科学的思考）」「自由（自我の尊重）」と正反対

ただし、この分け方はあくまで便宜上のことで、実際にはすべての点で西洋とは対照的なところがあります。たとえば、タオイズムは「現象と本質の区別」とも馴染まないのですが、たんにインド思想の方がその傾向をはっきり示しているというだけのことです。

特徴的なのは、どちらも「自由（自我の尊重）」とは相容れないことでしょう。[*16]

しかし見誤って頂きたくないのは、「自我の尊重」とは、あくまでも自意識を尊重するかどうかであることとです。つまり、「自分らしさ」「自分は何者か」といった自分自身を追求するマインドを大事にするかどうかの違いであって、東洋ＯＳが人の尊厳をおろそかにするという意味ではありません。

いずれにしても、この違いは西洋と東洋をわける分水嶺《ぶんすいれい》のようなものです。[*17] そこから両文明のあいだに多岐にわたる価値観のへだたりが生じます。

＊

本章のエピグラフは、インド古典音楽において最大の作曲家のひとりに数えられる**ティヤーガラージャ**（1767〜1847）の歌です（図5・13）。

「（ブラフマンと一体化したら）それ以上なにを欲するというのか」——インド人が古代から継承してきたOS、そしてインド版「宇宙の音楽」を象徴する言葉であることがお分かりになるでしょう。

ティヤーガラージャは名声や財産には目もくれず、ただひたすらに神を崇拝し、一体化することを望んだ人です。毎日の食事は民衆からの施しを受けながら、各地を巡礼する生活を送りました。そのような人生のなかで、「奇跡中の奇跡」と称賛されるほどの音楽的イノベーションをなし遂げ、インド音楽の新しい流れをつくりあげたのです。[*18]

図5・13　ティヤーガラージャ。インド政府の切手（India Post, Government of India）
"Tyagaraja" ©India Post, Government of India 1961 / GODL-India（https://data.gov.in/sites/default/files/Gazette_Notification_OGDL.pdf）

＊

ここで興味深いのは、ティヤーガラージャとベートーヴェンが同時代に生きているということ。

どちらも古典音楽における大作曲家、かつ歴史的イノベーターとして、神のように尊敬されています。つまり、〃芸術家〃であるわけですが、かたや東洋的に自意識を捨てることで、かたや近代西洋的[*19]に自意識をきわめることでそれを達成しました。

この時代、インドではすでにイギリスの支配下となっていたものの、今よりは伝統的なOSがまだ残っていた時代です。ですから、〃芸術〃の定義からしてまるで違いますし、「自由」をベースにした〃成功〃という考え方は、まだ一般的ではなかったと思われます。

その一方、近代西洋人にとっては、自意識や個性を高めに高めることが〃芸術〃であり、それが評価されると〃成功〃です。ベートーヴェンも、「世界でただひとりの芸術家」として、この世の中から独立した存在を目指しました。

これはある意味で、この世とは違う次元に神が存在するというキリスト教の思考回路を、よく反映しています。やや文学的な表現をするならば、近代において影響力が低下し始めた神の代わりとして人類を救済しようとしたのが、近代西洋の、特に19世紀以降の芸術家なのでしょう。

自我を無くし、神と一体化することだけを願い、そうなった自分は何と幸福であることかと謳うティヤーガラージャ。

自我の理想を何よりも第一にして、唯一無二の存在となったものの、あまり幸せを感じられることのなかったベートーヴェン。

ティヤーガラージャとベートーヴェン――このふたりの相違について考えるとき、思考回路が変わることで、価値観はもちろん人生のあり方までも、いかに変わってしまうのかを痛感します。

〈本章エピグラフの出典〉

Ｂ・Ｃ・デーヴァ（中川博志訳）『インド音楽序説』東方出版、２２２ページより。ただし、中川氏の日本語訳の一部について私には疑問に思うところがあったので（本全体の訳は素晴らしく、ここのみに関してである）、ティヤーガラージャの原文（テルグ語）から英訳された資料を参照して独自に修正した。特に中川氏の訳では「なぜ幸福ではないのか」となっているが、ここは反語表現と解釈しなければ意味が通らなくなると思われる（ただし私はデーヴァの原著における英訳は未確認）。

Column 5

西洋OSから脱出しようとしたクラシック作曲家
ジョン・ケージ作曲『4分33秒』

アメリカを代表する20世紀のクラシック作曲家、ジョン・ケージ（1912〜92）の『4分33秒』なる曲をご存じでしょうか。

クラシックの名門出版社ペータースから出されている楽譜をみると、この曲は3つの楽章からなっていて、全体の演奏時間が4分33秒になるように指定されています。ところが肝心の音符はというと、楽譜のどこにも見当たりません。

かわりにケージは次のように書いています。

「第1楽章　休み　第二楽章　休み　第3楽章　休み」

「えっ?!」と思われた方もいらっしゃることでしょう。そうなのです、この曲の演奏者は4分33秒のあいだ何もせず、ずっと沈黙したままなのです。

そんな状態から生まれる音はというと、観客のざわめき、あきれて退出する人の足音、お義理の拍手などでしょう。しかしケージにとっては、それらの音すべてが音楽であり、『4分33秒』という作品の一部になります。

まるで反則技のような作品ですが、このような態度は本書のテーマと通じていることに留意してください。なぜならケージは、「西洋ＯＳを疑って、いったん離れてみなさい」と私たちに訴えかけているからです。

「理性を使って音を構成するのが音楽作品」「演奏者の発する楽器もしくは声のみが楽音になりえる」――このような西洋ＯＳからくる音楽の常識にとらわれていると、『4分33秒』はまるで評価に値しない（というより評価のしようがない）冗談に過ぎません。

彼はそれを分かったうえで意図的にやっています。そのＯＳへの無批判な信頼を揺さぶってやろうとしているのです。

ケージはふつうの東洋人など到底かなわないほどの東洋思想オタクでした。とくに荘子の熱烈なファンだったようです。[*1] ですから当然、第1節の冒頭でご紹介した「宇宙の音楽」のエピソード（荘子が創作）も知っていたことでしょう。

おなじく荘子ファンの私としては、鳴り響くすべての音を音楽にしてしまう『4分33秒』に、タオイズム版「宇宙の音楽」をどうしても重ねてしまいます。頭を空っぽにしたうえで、聞こえてくる音をあるがままに聴かせようとする荘子と、（無我の境地になれるかは別としても）根底にある発想が共通しているからです。

それはともかくとして、『4分33秒』はケージのもっとも重要かつ有名な〝作品〟として、しばしばコンサートホールでも取り上げられます。オーケストラの場合は、指揮者がストップウォッチをもって時間をはかるのが通例です。

さて、ここで疑問が浮かびませんか？　もしも私がコンサートで〝指揮〟したら、著作権料を払わないといけないのでしょうか。

答えはＹＥＳです。作曲家の名前と作品のタイトルがプログラムにのるかぎり、著作権料は発生します。もちろん、そのコンサートから収入を得たらの話ですが。

事実、イギリスの音楽家マイク・バットが、自身のアルバムのなかに『A One《アワン》 Minute《ミニット》 Silence《サイレンス》』と題した沈黙が1分間つづく〝曲〟を入れたら、ケージの遺産管理団体に〝盗作〟で訴えられるという事件が起こりました。正確な金額は不明ながら、報道によると最低でも１０００万円を下らない和解金が支払われたということです。[*2]

さすがは自我を尊重する西洋！　こればかりは東洋ＯＳとはいかないようですね。

＊コラムで取り上げた曲は、私のユーチューブ・チャンネルにある再生リスト（「光文社 新書『「宇宙の音楽」を聴く』」）でお聴きになれます。

終章　「宇宙の音楽」を聴く

神は曲線によりて真っすぐに描く
キリスト教の格言

プロローグ

この終章の目的は、前章でご紹介した古代東洋ＯＳを、どのように活用して、どのように変わったのかを明らかにすることです。

第２部からの流れにそって言いかえれば、近代西洋ＯＳにこり固まっていた私が、どのように東洋ＯＳでバランスをとって、第４章でみた問題点を克服したのか、ということになります。

その第４章では、大スランプにおちいった折に感じた２つの限界——自分のリーダーシップ能力に感じた限界と、成功を求め続ける生き方へ感じた限界——をもとに、近代西洋OSの問題点を指摘しました。

したがって本章においても、これら2つの限界をどのように解決したのか、それぞれ第1節と第2節で体験を語ることで、その目的を果たすことに致します。いわば第4章の後日談というわけです。

そして、それを踏まえたうえで、「苦しみや怒りに引っ張られることのない、柔軟な思考回路へと変革する」という本書全体のテーマへと進むことになります。テーマに対する私なりのご提案を整理するとともに、皆さまへのメッセージをお伝えすることになるでしょう（本章エピローグ、および「おわりに」）。

それではまず、私がどのように自分の思考回路を変革して、スランプから立ち直っていったのか——ここから見て参ります。

第1節　〝ゾーン〟に入ってもらえるリーダーシップを目指して

一体化（ポジティブ）と分離（ネガティブ）

ポジティブなエネルギーを人間が本能的に感じるのは、果たしてどのような時でしょうか――まずはこの問題から始めてみたいと思います。

私の場合、根源エネルギーとの一体化を説くタオイズムやインド思想を学んでからというもの、それはまさしく〝一体化〟ではないかと考えるようになりました。

たとえば、母親に抱かれると子供は落ち着いたり、泣き止んだりします。うで枕・ひざ枕をして欲しいという方もいらっしゃるように、大人になってからも、愛する人と触れ合うことを本能で求めるものです。

根源エネルギーの説明として、へその緒で母体と繋がっている胎児のたとえを用いましたが（280ページ）、羊水に包まれて母体と一体化していた時のことを、私たちの本能は覚えているのでしょう。もしくは、すべての生命がひとつ（〝ワンネス〟）であった時のことを。

図6・1　陰陽図（太極〈たいきょく〉図）。陰と陽のふたつに分離して宇宙が誕生したとする古代中国思想。

しかし、母体から出た瞬間から**分離**されてしまいます。ひとつの個体として分離された感覚を背負って、私たちは孤独に歩まねばならないのです。ですから、分離される感覚は、人間の本能にとってネガティブなエネルギーに感じられるのではないでしょうか[*1]（図6・1）。

こちらの例の典型は、何といっても**差別**でしょう。見える見えないに関係なく、**壁**を築いて分離するような行為にはネガティブさを感じます。

要するに、一体化へ向かうものは**ポジティブ**に、分離に向かうものは**ネガティブ**に感じてしまうのが人間だということ。だからこそ、東洋では「道」「ブラフマン」へと還《かえ》ろうとし、西洋であれば「**愛**」が説かれたのです。

「〝ゾーン〟に入る」を東洋的に解釈すると？

ところで、何かに極度に集中して、素晴らしいパフォーマンスを発揮している状態について、しばしば「〝ゾーン〟に入る」と表現されます（図６・２）。皆さんもご経験があるかもしれません。

　かつての私は、脳波をシータ波かデルタ波に保てるようになれば〝ゾーン〟に入れると思っていました。科学的に分析していたわけです。それはそれで妥当性はあったものの、上手くはいきませんでした。

　しかし面白いことに、これを東洋の伝統ＯＳで解釈しなおすと、科学ほどの実証性はないにしても、〝ゾーン〟に入るための仕組みが理解しやすくなったのです。

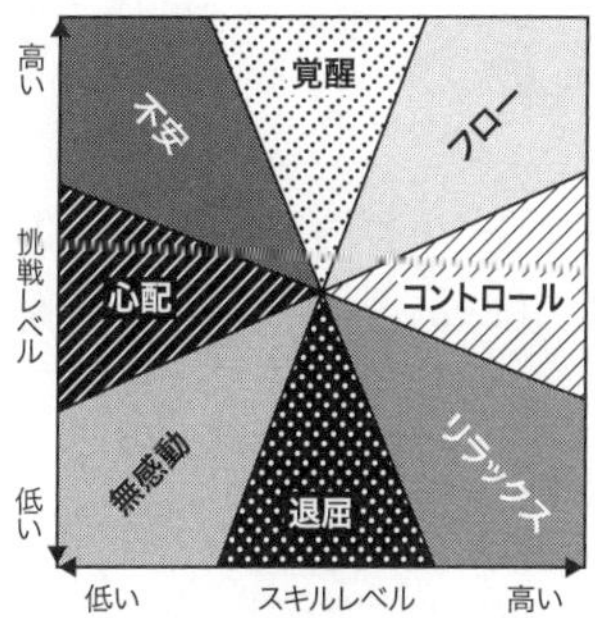

図６・２　“ゾーンに入る”（英：being in the zone）。心理学者ミハイ・チクセントミハイが提唱した「フロー状態 a flow state」が一般化した用語。完全な集中状態を指す。チクセントミハイは、西洋人の常として、人間の心理状態について図のように理性的に整理している。ただし、東洋ではヨーガ行者や禅僧らによって、経験的に知られていた。

　〝ゾーン〟に入ることを東洋的に表現すれば、自意識がなくなって根源エネルギーと一体化している状態、となります。〝タオイズム版〟「宇宙の音楽」を聴いていた賢人が、「いま自分がこの世にいることを忘れていたよ」と言ったように、まさに無我夢中の境地です。

私にしても、最高のコンサートになった場合、指揮中のことはほとんど覚えていません。自分も奏者もなく、ただ音楽そのものと一体化しているからだと、東洋的に解釈しています。凄い集中力とパフォーマンスを発揮できるのは、やはり一体化が人間の本能にとってポジティブなエネルギーだからでしょう。言うなれば、一体化はワクワク感を大放出するのです。

「○○ヘルツの脳波」といった科学的な説明は説得力があるものの、現実感は湧きません。その一方で、科学にはない視点をもつ東洋思想[*2]でこのように説明されると、皆さん腑《ふ》に落ちないでしょうか。

さて、自分のリーダーシップに感じていた限界が、近代西洋ＯＳの行き過ぎにあったことを知ったとき、私は大変なショックを受けました（第4章第1節）。このＯＳを的確に使いこなせる能力こそが、リーダーシップの源泉であると信じていたからです。

ところが、それに縛られ過ぎてしまうと、最適解の名のもとに同僚の音楽家たちを部品のように扱うことになり、彼らのワクワク感をそいでしまいます。

この限界を超えるために、オーケストラの奏者たちが自分の意志で、しかもワクワクしながら音を響かせるリーダーシップを、私は新しく模索しなければなりませんでした。

その際に大活躍してくれたのが、先ほどの東洋の伝統ＯＳによる、人の力を最大限に引き出してくれるポジティブなエネルギー、すなわち一体化についての理解です。私は、**心の持ちよう（マインドセット）**の部分にそれを応用することで、リーダーシップを進化させることが出来ました。

オーケストラ全体が〝ゾーン〟に入る——そんなリーダーシップを目指して実践したことは、次の３つにまとめられます。それぞれ見て参りましょう。

実践①　必要以上の自意識を出さない

まずひとつ目は、必要以上に自意識を出さないように気を付けることです。

リーダーとして自分の考えはしっかりと持って、近代西洋ＯＳを通して人々を説得できるようにしておく——これは必要な自意識となります。しかし、実際に仲間とコミュニケーションをする段階では、「ここは上手くやってやろう」「リーダーとして能力を示しておこう」といった、ことさら自分だけを仲間から分離させようとする**（＝自分だけを特別にしたい）**自意識は不要です。それは一体化の邪魔になりますから。

ここで大事になるのは、あるがままの自分を認められるかどうかです。

赤ん坊をご覧になって下さい。彼らは大人からすると色々な点で未熟であっても、ことさら自分のことを大きく見せようとせず、あるがままの姿でいます。たとえ自分の子でなくとも私たちが赤ん坊を愛おしく感じるのは、それゆえではないでしょうか。多かれ少なかれ、彼らとの一体化を本能的に感じるのです。

「幼児のごとくあれ、されば人に凌《りょう》駕《が》されることなからん」と語ったのは、東洋思想も学んでいたゲーテでした。[*3] 老子なら、あるがままの自然にたとえて、「野に咲く花のようにあれ」「水のように生きよ」となるでしょう。

ですからリーダーも、必要以上には自意識を出さないで、あるがままの自分でコミュニケーションを取れるような努力が求められます。

自分に出来ないことは素直に認める・自分を大きく見せるための小細工はやらない・謝るべき時には、すぐに心を込めて謝る……。

しかしながら、実行には困難が伴います。往々にして、あるがままの自分（の弱さ）を受け入れることが恥に、すなわち自分の価値を下げるように感じるからです。

あるがままの自分を認めるために

かく言う私がそうでした。批判されることを極度に怖れ、いつも理論武装していました。批判的な人には、難しいことを書き連ねた長文のメールを送って、いかに相手が勉強不足かを暗に分からせようとしたものです。

指揮台の上でも、自分こそがオーケストラ全体をコントロールしていると示すそぶりを、頻繁に見せていました。

たとえば、初回リハーサルからフルスコア（指揮者用楽譜）をわざと前に置かないで、奏者ひとりひとりを監視するように指揮をする、といった具合です。弾き間違えた奏者がいたら、モナ・リザのような謎の微笑で数秒間ジッと見つめることまで計算ずくでやっていました（図6・3、次ページ）。

すべては遅い年齢で音楽家になったことからくる自信のなさ、**コンプレックス**の裏返しです。「自分はたくさん勉強をしている」「楽譜を見なくてもこれだけ指揮する能力がある」「この音楽を支配するリーダーは私である」ということを、相手に認めて欲しかったのです。

こんな調子ですから、あるがままの自分を受け入れてコミュニケーションするには、とに

図6・3　リハーサルで後方のバイオリン奏者を見つめる筆者。いくら私が真剣でも、奏者の立場に立ったなら、怖くて反発するかもしれない。

かく骨が折れました。

しかし、「どんな美人でも動物は逃げる」――タオイズムが説いた数々の教えを心の中でくり返すうちに、私のプライド、コンプレックスや承認欲求など、ひとえに風の前のチリに同じだと思えてきました。

美人の基準が人間だけに通用するように、「これは恥だ」と判断する基準は、あくまでも私が勝手に決めたものです。自分の価値を下げること自体も、私にとってのみ重大な問題なのであって、他の人にとっては問題でさえないでしょう。

ならば勇気を出して、とりあえずは等身大の自分へと近づこうとした方が、はるかに人生が有意義になるのではないでしょうか。

それに、たとえ恥をかいたと感じても、その場にいた人は大して気にしていないものです。数年もたったら覚えてもいない人が大半になります（これは私自身が、あの手この手で現実を冷静に観察してから得た結論です。それでも気にはなりますが、少し楽になりました）。

ともあれ、以上がひとつ目の実践です。

なお付け加えると、「あるがままの自分」は精神医学[*4]やスピリチュアル系[*5]でもよく出てくる言葉ですが、しばしば誤解されています。本能的な欲求、もしくは余計な自意識に左右されない境地の自分であって、決して「自分の思い通りに」「本能のおもむくままに」という意味ではありません。それは単純に「**我がまま**」と言います。

実践②　自分と他者を肯定する

閑話《かんわ》休題《きゅうだい》。

つづいて2つ目の実践は、自分と他者をなるべく**肯定するマインド**を持つことです。何事においても長所を見つけ、それを素直に認める習慣とも言いかえられます。

この習慣自体は、西洋でも昔から説かれていることです。アメリカでも美徳のひとつになっていて、あまり自分や人のことを悪く言わず、良いと思ったらすぐに褒《ほ》めることを尊びます。

私の場合、やる事はこれと同じですが、マインドセットの部分を東洋ＯＳの視点から理解していました。

そもそも「肯定する」とは「**受け入れる**」ことを意味します。すなわち一体化へ向かう行為のひとつで、ポジティブなエネルギーを生み出してくれます。

それゆえに、私が奏者たちの良い所を見つけて肯定の気持ちを伝えるのは、オーケストラの一体化にとって不可欠です。彼らを素直に肯定すればするほど、心と心をへだてている壁が壊れてゆくのですから。

これは皆さんにも分かりやすいことでしょう。しかし注意して頂きたいのは、自分自身を肯定することも非常に重要だということ。一体なぜでしょうか。

自分を肯定できない人は、たいてい他者と比べることで自分をダメだと思っていて、他者のことも素直に肯定できません（したがって、他者と比較する癖がついてしまう近代西洋ＯＳのもとでは、**自己肯定感**に乏しい人が増えます）。

つまり、他者を心から肯定するためには、まず自分を肯定して、心の中にある壁――自分のことを認めて欲しいのに「自分はダメだ」と思ってしまうような、心を分裂させているネガティブな壁――を壊さねばならないのです。

コンプレックスとプライドが同居していた私の心にも巨大な壁がありました。さらには、自分に厳しいぶん音楽家にも厳しかったので、彼らとの間にも心理的な壁がありました。

この２つの壁を少しでも壊さねば、一体化させるリーダーシップなど不可能――そう理解した私は、自他をともに肯定できる人間になろうと決意します。

つい欠点へと目を向けてしまう日本人

しかしながら、この実践が私たち日本人にとって難しいのです。

日常的に「I Love You（愛してるよ）」を連発しているアメリカ人と違って、私たちは自分の素直な気持ちを口に出すことさえ慣れていません。それに、自分を肯定することはおろか、むしろ自分を謙遜《けんそん》すること（＝自分を格下にして振る舞うこと）が伝統的に美徳とされてきました[*6]。

自分と他者の良い所をほめるなど、家族同士でも中々やらないでしょう。それどころか、「こんなことだからお前はダメなんだ！」といったように、欠点を指摘しつつ叱《しか》るのが親の愛情とされる場合さえあります。

　私たちが受けてきた教育も似たようなものです。明治以降に導入された教育システムでは、子供たちの学力を１００点からの減点法で伸ばすのが主流になっています。つまり、理解が足りない部分（短所）を見つけたうえで、そこを補《おぎな》う方式だということ。

　このやり方で効率よく学力をつけられるものの、真剣に取り組めば取り組むほど、反射的に自分の短所へと目が向いてしまう人間に育ちます。[*7]やや大げさに言えば、真面目な人であるほど、「自分はダメだ、もっと頑張らないと……」と思うようになるのです。

　自分でさえ肯定できなければ、他者に対しても同様になるでしょう。自己肯定する人よりも謙遜する人に好感を抱いたり、その人の良さよりも至らない部分に気付いてしまう場合が、私たちには目立っていないでしょうか（息苦しいと感じているのに、ついつい相互にかけ合ってしまう同調圧力にしても、原因の一端はここにあるように思えます）。

肯定のサイクルから、ポジティブの相乗効果へ

いずれにせよ、私にとっても実践は困難をきわめました。

特に自己肯定感がどうしても得られないのです。自分を受け入れようにも、すぐに「俺はダメだ！」となってしまい、そのたびに「またやってしまった！」と自分を責めて悪循環におちいります。

しかし、せめて小さなことだけでも肯定を伝える努力をするうちに、面白いことが起こり始めました。

「君のコンサート、感動したよ！」「そのネイル、かわいいね！」

このように、とにかく良いと思ったことを口にし続けていると、かなりの確率で、相手も同じように肯定を返してくれるようになります。

「レオナの動画、好きでたまに見てるよ！」「いつも話するのが楽しい！」

最初は、自分に厳しい基準を課していたので、相手の肯定をあまり額面どおりに受け取れませんでした。「どうせお世辞だから」というわけです。

ところが、お互いに褒め合う〝**肯定のサイクル**〟が根付いてくると、それが変わり始めました。サイクルが加速するにしたがって、自分の心が柔らかくなっていったのです。

不思議なことに、肯定してくれるのが素直に嬉しいと思えるようになって、「実はそうなんだろうな」と自分を受け入れられる気持ちになっていきました。つまり、あれほど巨大だ

図6・4　リーダーが笑顔になれば、みんなが笑顔になれる。だいぶん印象が変わるはずだ。間にある壁が壊れないだろうか？

った我が心の壁が、ついに壊れ始めたということです。

そうなると、**ポジティブの相乗効果**がいろいろと発生します。

正直に告白すれば、初めの頃はかなり無理してやっていて、偽善的になる場合が結構ありました。しかしそれでも構わず続けるうち、どんどん本心から肯定できるようになったのです。

「苦しい時ほど自分から与えなさい」――私が通っていた教会の牧師さんが仰《おつしや》っていた言葉の意味が、今なら分かります。

自意識のコントロールという点でも良い変化をもたらしました。

発言やメールは常にポジティブを心がけ、相手が困惑するような難しいこと、批判めいたことは原則として書かないようになりました。

指揮台の上でも、うまく弾いてくれた奏者には「素晴らしい、ありがとう！」の肯定、そして**感謝**をすぐさま伝えます。もちろん、モナ・リザの謎めいた微笑ではなく、オタフクばりの笑顔で（図6・4）。

こうするうちに、心理的にも音楽的にも、音楽家たちと一体になる瞬間を感じられることが増えていきました。おそらく、彼らもポジティブの相乗効果を感じるのだろうと思います。

実践③　仲間を信頼して、自然な流れに身を任せる

最後に3つ目の実践は、仲間を信頼して、自然な流れに身を任せられるマインドを持つことです。

第3章でふれた通り、私はかなり細かい指示を書き込んだ楽譜を作成して、それに忠実に、演奏するよう、奏者にほぼ強制していました。

もちろん、その解釈は合理的な根拠に基づいて組み立てられたものですし、忠実さを求めたのも私なりに音楽へ真摯《しんし》であろうとしたからです。

ただ、それが奏者のロボット化につながって、ワクワクした一体感を得られなくなるわけ

で、そこにジレンマがありました。

さて、理性中心主義の真逆をいくタオイズムは、私がオーケストラに対してやったような、何かを人為的にコントロールするのを嫌います。「人為」とは文字どおり「偽（にせ）」なのでした。一体化するには、思い通りにしようとしないで、自然な流れに身を任せなさいと教えます。

ところが、西洋クラシック音楽は、基本的に頭を使って作曲されたものです。また、それに由来する客観性と普遍性を備えているからこそ、東洋人にとっても楽しめるのでした。いわば、人為的であるのもクラシックの大きな魅力のひとつになっているということ。

そこで、次のようにしてジレンマを解消することにしました。

近代西洋ＯＳに従って解釈を理論的に考え抜いて、奏者にそれを効率的に伝えようとするのは変えません。その営《いとな》みはクラシック音楽、そして指揮者・芸術家としての存在意義でもあるのですから。

しかし、その段階が過ぎたなら、あとはオーケストラを信頼して、全員が自然に作り出していく流れに乗ってみることにしました。言いかえれば、私がコントロールしない（人為的な指示を与えない）領域を残しておいて、奏者たちにも自分の力を存分に発揮してもらうのです。

過度な理論化や事例化はワクワク感の大敵

　すべてを思い通りにしようと、あらゆる事に口を出していた以前の私は、ことさら細かい指示のある料理レシピのようなものです。

「〇〇牧場のＡ５級和牛55グラムを、××山で採れた木炭の炎で５分55秒、炎の先端から５センチの距離を保ちつつあぶって……」

　そこにいくら卓越した合理性があろうが、それでいくら美味しいステーキとなろうが、これだと自己満足に近いものがあります。だいいち、指示があまりに多いと、かえって料理がやりにくくなるでしょう。実際、私のリーダーシップの限界はそこにあったわけです。

　よってレシピを次のように変えます。

「Ａ５級の和牛を50～60グラム、炭火で近すぎず遠すぎず６分ほどあぶる。産地の選定やあぶり方はシェフのそれぞれの好みで」

　言うまでもなく、この変更によって私の思い通りにならない事態も発生するでしょう。それでも、それぞれのシェフが土台となる指示（＝音楽の解釈）に従ってさえいれば、全体の味（＝感動）はまず変わりません。[8] それどころか、彼らのプロとしての魂を刺激してワクワク感が発生、私の想像を超える美味しさになることさえ多々ありました。

これをマインドセットの視点から表現すれば、自分の考えを実現させたいという欲求は程々にしておくということです。もっとありていに言うと、ある程度よりも細かいことに関してはもう気にしない、こだわらないということ。[9]

また、思考回路の視点からとらえると、すべてを人為的にコントロールできない、理論や統制だけではワクワク感は生まれないという前提のもとで、近代西洋OSを用いるということです。

ゆえに第4章で指摘したように、せっかくMBAの代わりにMFAを学んでも、アートの理論や事例ばかり勉強していたら、結局は堂々巡りになってしまいます。アート思考にしても、ワクワク感のない状態では決して生まれません（238ページ）。

それはともかく、仲間を信頼して、自然な流れに身を任せる——それに慣れてしまえば、余計な指示をいちいち与えないぶん仕事が

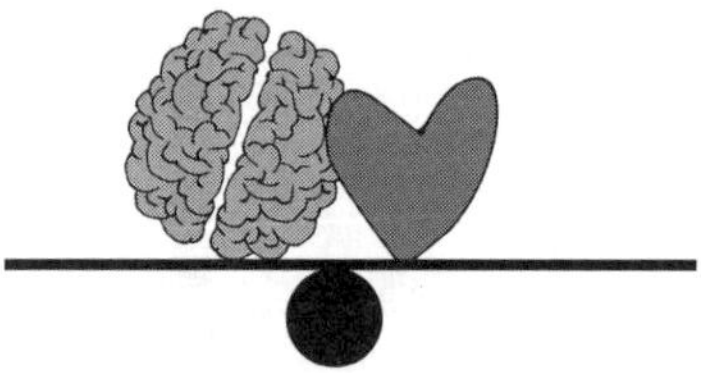

図6・5

楽になるうえ、一体化も進んで、成果もあげやすくなります。しかも、さして重要でない理想やこだわりを手放せている状態なので、思い通りにならないストレスも軽減されるというオマケ付きです。

もちろん他の2つの実践と同じく、これもうまく出来るようになるまでに時間はかかります。

それでも、おそらく3つの中では一番かんたんに実行できるものです。やっていくうちに、「どこまでを指示して、どこからを任せるか」のさじ加減が徐々につかめるようになるでしょう。

「一体化」に関する誤解や注意点

以上、東洋の知恵をヒントにした3つの実践をご紹介しました。

これらを活かすことが出来れば、人間が部品になってしまう問題から解放され、皆さんの周りにワクワク感を取り戻せるはずです。一体化に向かうほど、〝ゾーン〟に入るほどのパフォーマンスを発揮しやすくなるでしょう。

ただし、一体化といっても**全体主義**（＝国、会社や部活などに身をすべて尽くせば、自分の利益にもなるという考え）ではないので、くれぐれも誤解なさらないで下さい。強制・怖れ・義務感からではなく、自分から喜んでやりたいと思うワクワク感からの一体化です。

これと同じ理由で、〝無我の境地〟を〝**滅私奉公**〟のように解釈するのは間違っています。個性を殺すのではなく、それぞれが我を忘れるほど個性が最大限に発揮されている——これぞ理想の、東洋と西洋のバランスがとれた一体化の状態です。

また、すべての人と仲良くすべきということでもありません。そうあれたら嬉しいですが、自分にとって厄介な人は、どこにでも必ずいます。その人を肯定してみて、なお関係性が悪いのであれば、別に関わらなくて結構です。

仕事などで、その人とどうしても関係する必要があれば、格好の修行だと思って受け流すことでしょう。怒ったり、批判したりすると、やるだけ自分の心の壁も大きくなって、事態はどんどん悪化してしまいます。なるべく他のことにエネルギーを振り向けた方がベターです（さんざん人を批判していた私の経験上、間違いありません）。

すべてが〝ひとつになって生きる〟世界

リーダーシップを軸に進めたため、本節では話の対象が人間だけになってしまいました。しかしながら、一体化を基本にすえたマインドセットは、自然を部品化してしまう問題にも有効です。すなわち、人間のみならず自然とも一体化をはかることを目指すならば、自然破壊にも一定の歯止めをかけられるということ。

ところで、「(人間は)地を従わせ、生き物をすべて支配せよ」と聖書に明記されているせいか[*10]、西洋人は人間に対する愛には敏感でも、それ以外に対しては人間ほどの愛を注がない傾向があります。近年、動植物に対する愛は非常に高まっているものの、非生命と考えられている〝モノ〟を人間同様に愛することは一般的ではありません。

これには現象と本質を分ける思考回路も影響しているのでしょう。山でも刀でも〝神〟とみなせる東洋人とは違って、西洋人にとってみれば〝モノはモノ〟です。

「座っていられるのはイスのおかげ」「眠っていられるのはベッドのおかげ」――〝ご縁の奇跡〟〝ワンネス〟の思考回路が、西洋でも根付いたら素晴らしいと思います。

とは言うものの、今となっては東洋もまったく同じ状況です。

皮肉なことに、環境汚染による死者数はインドが世界トップ、中国が第2位になっています。[*11] 我が国にしても、明治時代から昭和中期にかけては酷いあり様でした。

このこと自体に西洋OSうんぬんは関係ありません。人の欲望という刃《やいば》の前には、古来の伝統だろうが大自然だろうが、一瞬で切り裂かれてしまうということです。

それはともかくとして、欲望に左右されがちな自意識を多少ガマンして、私たちのマインドセットが〝ワンネス〟へと向かえば、適切なリーダーシップどころか、ワクワクする人生や持続可能な発展、さらには世界平和だって実現するのではないでしょうか。

巨大な心の壁が少しずつ壊れていく感覚を思い出すたびに、これから数百年後か数千年後か見当もつきませんが、ジョン・レノンが感動的に歌いあげた〝世界がひとつになって生きる〟未来を、私はつい想像《イマジン》してしまいます。

第２節　この時代にふさわしい生き方を目指して

より幸せを感じられる生き方への転換

自分らしさを追求する「自由（自我の尊重）」は、私たちが物質的に豊かになる原動力として欠かせない思考回路ですが、反面それによって苦しみや怒りが生じやすいことは第４章の第２節で述べました。

しかし、〝爪切り事件〟（第５章プロローグ）のあとに学んだ古代東洋ＯＳで考えると、苦しみや怒りの原因そのものは非常にシンプルです。

「自分の思い通りにならなくてストレスになる」

「他者と比べながら、『成功・失敗』『勝ち・負け』で〝自分〟の価値を判断するようになる」

こんな具合に、〝自分〟という意識に執着するから苦しみや怒りが湧くと考えるのが古代東洋ＯＳなのです。もし理想もこだわりも一切なかったら――タオイズムが説くように無為自然に生きたら――何であれ思い通りにしようとは考えないでしょうし、他者と比べようだってありません。

その意味で、〝自己実現の鬼〟だった私が苦しかったのは当然でした。

「なんて自分には才能がないんだ！　覚えも遅いし、二浪までして！」

「自分がバカ過ぎるから詐欺にもあうし、お金もなくなる！」

ロシアの文豪**レフ・トルストイ**（1828〜1910）が書いた小説『イワンのばか』の主人公・イワンなら、「遅く訓練を始めたんだ、覚えが悪いのも浪人するのも当たり前。与えられた才能のなかでやっていくよ」「どうぞどうぞ、欲しいならお金を持って行きなさい！」と言って、最後に意図せずして幸運をつかむことでしょう（トルストイはタオイズムに心酔していました[*12]）。

　さて、興行詐欺にあったのを機に、私はそれまでの生き方に心の底から限界を感じま

図6・6　『イワンのばか』挿絵。いくら悪魔がけしかけても、イワン（中央）だけは馬鹿正直で迷わない。結局、イワンは王様になってしまい、無為無欲をもって人民を治める。

した。湧きおこる苦しみや怒りにもう疲れきってしまったのです。近代西洋ＯＳの問題点を克服した、もっと幸せを感じられる生き方をしたいと、切に望んでいました。

本節では、どのように古代東洋ＯＳを活かして、新しい生き方へと転換させていったのか、その後の私についてお伝えすることになります。

無我の境地や宗教的な悟りは不要

「苦しみや怒りから解放されるには、自意識をなくせばよい」――最初のうち、この教えを真に受けた私は、ヨーガや瞑想によって無我の境地を目指そうとしました。

けれども程なくして、自意識をなくすことなど、私には一生かかっても無理そうだと気付きました。実践があまりにも難しいうえ[*13]、社会的な生活を営《いとな》めなくなるからです。

万が一、あのイワンのようになれたとしても、その時にはもはや指揮者として働けないでしょう。インドのティヤーガラージャならまだしも（第5章エピローグ）、ベートーヴェンの自意識にみちた音楽を表現することは不可能です。なにより、オーケストラをリーダーとして統率できません。まったく自分を出さないなど、リーダーとして完全に不適合だからです。

くわえて、世間一般のマインドセットからかけ離れていて、人々は私に困惑してしまうでしょう（イワンのような人が実際にいたらと想像して下さい）。

　印税や不動産収入の受け取りさえ恥じたトルストイにしても、生活を心配した家族と不和になって冬のさなかに家出、寒さで肺炎にかかってしまい、小さな駅の中で82年の生涯を終えました。その生き様は私たちの心を打ちますが、家族の気持ちに立つならば、やや問題ではないでしょうか（図6・7）。

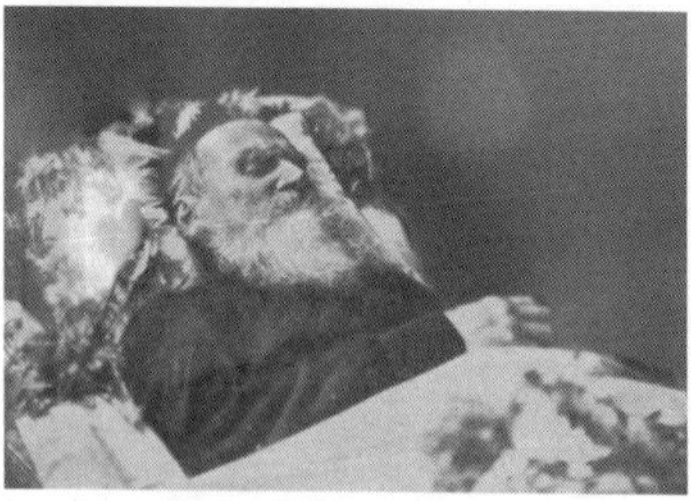
図6・7　駅で客死したトルストイ

　いきなり自分だけが〝悟り〟を開こうとしても、なかなか周りの理解を得られず、かえって苦しみや怒りを与えることになりかねないのです。要するに、古代東洋OSであっても、それだけを過信しては二の舞だということ。

　それに、私ふくめ大半の凡人にとっては、多かれ少なかれ夢や成功に執着するからこそ人生に張り合いが出て、素晴らしいことを成し遂げる推進力にもなっています。苦しみが人間を強くしたり、怒りが何かを望ましい方向へ変えることがあるのも事実です。

　いずれにせよ、イワンや老子とまったく同じように生きることなど、私たちには現実的でありません。東洋と西洋ふたつのＯＳで、ほどよくバランスを保った生き方を目指すべきでしょう。

とは言うものの、それはあくまでも理論上のこと。どうやって実践したら良いのか、最初から具体的なイメージがあったわけではありません。

東洋思想を学んでしばらく、頭のなかの理論が先行していた私は、かなり悩みました。

〝どん底〟にいた私のもとへ届いた封筒

さて、ここでふたたび２０１３年にあった出来事をお話ししなくてはなりません。

興行詐欺のあと、ほとんどの仕事をキャンセルしてニート生活を送っていたことは、前に述べた通りです。それでも、ただひとつ、当時やっていた合唱団の指導だけは途切れ途切れながら続けていました。

事件から約半年ほどたった、ある練習日のことです。

合唱団の中に、私とおなじ教会に所属しておられる方がいらっしゃいました。休憩中、その方がピアノの前に座っている私に近づいて来られ、１通の白い封筒を差し出されながら、こう仰います。

「アルフレッドからレオナ先生にと託《ことづ》かってきました」

アルフレッドとはイタリア系アメリカ人の元お医者《ドクター》さんで、アルフレッド・ディラーシャさんのこと。その時点ですでに89歳でいらっしゃったと思います。何度か、私のコンサートにお越し下さっていました。ただ、この方を通してそのことをお伺いしているだけで、アルフレッドさんと直接の面識はありません。

封筒を開けると手紙が入っており、こう書かれていました。

「あなたが大変な状況にあることを聞きました。若い時分には本当にいろいろな辛いことがありますが、どうか乗り切って下さい。あなたのコンサートがまた聴けるよう、これが少しでもお役に立ちますように」

次の瞬間、私は心臓が止まるかと思いました。なんと、私にあてた1万ドル（約１００万円）の小切手が同封されていたからです。

その封筒を運んで下さった方がやさしく微笑《ほほえ》まれました。

「アルフレッドはレオナ先生のやってる活動と音楽が大好きなんですって。だからこれをと。寄付の証明も何もいらないそうです」

たちまち私の目に涙があふれました。

「ありがとうございます。これでまたコンサートができそうです……」

こう口からしぼり出すのがもはや精一杯でした。激しい嗚咽《おえつ》が止まらなくなった私は、せめて合唱団の皆さんに醜態《しゅうたい》をさらすまいと、ピアノの後ろに隠れるようにして座り、そのまま泣き続けたのです。

幸せとはポジティブさに気付くことである、という気付き

これは私の人生にとって最も美しい出来事のひとつです。

友人が出演するコンサートで指揮をしていた、無名の、会ったこともない日本人の窮状《きゅうじょう》に手を差しのべてくれたアルフレッドさん……。見返りを一切求めない、まさに無償の愛を下さいました。

ただし、それだけが理由でお話ししたのではありません。この出来事のおかげで、新しい生き方をどのように実践していけば良いのか、具体的なイメージをつかめるようになったこと――それを皆さんにお伝えしたいからです。

図6・8　レンブラント『放蕩息子（ほうとうむすこ）の帰還』

　当時の私は、心身ともにこのうえなく不調、灰色の日々を過ごしていました。

　しかし面白いことに、アルフレッドさんからの無償の愛に接するや、私は思わず「何てありがたい！　自分はなんて幸せな人間なんだ！」と感じたのです。言いかえれば、不幸のどん底であると信じていたにもかかわらず、ポジティブなことをきっかけに、たしかに幸せを感じとったということ。

　これはつまり、ふだん我々が信じ込んでいる「こんな状態になれば幸せだ、不幸だ」なんて基準は、じつに頼りないものであることを意味していないでしょうか。

　それどころか、幸せ（不幸）になる絶対的な基準など、この世に実在しないことを示唆《しさ》していないでしょうか。美人の基準がそうであったように。

　私は次のような信念にたどり着きました。

「『不幸だ』と感じるのは、その人がそう信じ込んでいるだけで、どんな状況にあろうと、ポジティブなことに気付きさえすれば、幸せは感じられるものだ[*14]」

満足を知ることの大切さ

このように悟った私は、新しい生き方のために自分がとるべき実践をようやく発見しました。

すなわち、「あれが自分に足りない」「これがもっと欲しい」という気持ちをちょっと我慢したうえで（無我無欲は非現実的ですから）、いま目の前にあるポジティブなことに気付き、それに素直に感謝することです。

アルフレッドさんから封筒が届いたとき、もしも私が何にも気付かず、「ありがたいけれど被害金額には全然足りないよ」と思ったとしたら（実際、被害額ははるかに多額でした）、その後どうなったでしょうか。「足りない」「もっと欲しい」と自意識が騒ぎつづけ、自分は不幸だと信じるままだったでしょう。

ですが、「なんて優しい方に巡り会えたんだ。本当にありがたい！」と素直に思えるなら、幸せを感じ、ある程度は自分に満足している状態になります。結果として、苦しみや怒りの元凶となる余計な自意識がうまくおさえられるのです。

これについて老子は、次のような名言を放っています。

> 適切なところで止《とど》まる［＝満足する］ことを知れば、我が身を危《あや》うくさせることはない。
> 満足を知るというその満足こそは、永遠に変わらない誠の満足なのだ。
> （老子『老子道徳経』第44章および第46章より）[*15]

なお、以上のことを自分の仕事に応用してみたのが、第1節でご紹介したリーダーシップにおける実践です。ゆえに皆さんもお分かりの通り、基礎となる内容は多くの点でかぶっています。

自分の人生も、成功も失敗も、本当は存在しない

私の身に起こった変化は、それだけではありません。成功をことさら求めなくなりました。

それは、なぜでしょうか。

ワンネスOSのひとつ、どんなことでも決して自分ひとりの力では成り立たない〝ご縁の奇跡〟を思い出してください（301ページ）。ポジティブなことに目を向けるようになってからの私は、この教えの深さを肌で感じるようになりました。

たとえば、アルフレッドさんのお陰で自分の生き方を転換することになり、7年の歳月をへて本書でこうして皆さんにご紹介しています。あれがなければ本書もなく、ここで皆さんとのご縁も結んでいなかったでしょう。

とするなら、とんだ悪縁だったかもしれないにせよ、私と詐欺師が出会わなければ、こんな音楽家らしからぬ本を書けませんでしたし、皆さんとのご縁もなかったわけです。

図6・9　ブッダ（釈迦牟尼）。紀元前2世紀。ギリシャとインドが融合したガンダーラ様式のブッダ。

こうやって考えると、「自分の人生」「自分の成功・失敗」なんていうものは、言葉や感覚のうえでは（＝〝名〟としては）間違いではなくとも、結局のところ、ブッダが言うように存在しないことが分かります。どうみても自分ひとりで成立していないのですから。

余談になりますが、今では「自分の努力によって自分の成功、そして人生がある」とする近代西洋ＯＳからの固定観念に世界中が縛られているため、自分より社会的に弱い立場にある人々への共感がとても難しくなっています。どうしても「しかるべき努力をしていないからだ」となるからです。

一方で弱者とされる側も、社会から分離されている感覚からネガティブになり、みな一緒にワクワクして解決しようとする素直さを失いがちになるときがあります。

こうして、**社会の分断**がより進んでいるのが世界の現状です。

価値観に関することは科学の対象外

それはともかく、ご縁からの学びをもっと掘り下げてみましょう。すると、近代西洋ＯＳの問題点をうまく克服してくれる、核心的な教訓があらわれてきます。

まず第1に、「幸せ・不幸」と同じように、「成功・失敗」に関しても勝手な基準にもとづいた人間の思い込みであること。詐欺にあったことは当時の私にとっては大失敗で悪いことですが、今の私にとっては感謝すべき出来事になっている事実からも分かります。

つまり私たちは、自分にとって悪いと思える現象が目の前で起こったとして、どんなに辛かろうとも、それを「失敗」「ダメ」「負け」と即断すべきではないのです。先ほど見た通り、きっかけと心の持ちよう次第で、それがいきなり良いことに化けてしまうくらい、その判断は当てにならないのですから。

ところで、私たちがポジティブなことに喜び、その実現を望むことは人として当然です。そのために、ここ数百年で揺るぎない実績をあげた近代西洋ＯＳを使って一生懸命に考えるでしょう。目の前にわき起こっている現象を分析することで本質を探り、未来を予測しようとするでしょう。

このように、次にとるべき行動を落ち着いて、客観的に決めるぶんには、なるべく科学的にはじき出された数字や指標が〝最適解〟となりえます。テスト成績だろうが、貸借対照《たいしゃくたいしょう》表《ひょう》だろうが、みんなそうです。

けれども、**価値**（どれだけ大切かの度合い）に関わることに科学は何の関係もありません。今しがた見たように、それを決めているのは自分が信じている主観的な基準に過ぎないのですから。

科学が対応できるのは、あくまでも**3次元の現象**のみ。「私から何万ドルのお金が失われ、アルフレッドさんのご厚意で1万ドルぶんが補われた」——これが現象であり、それに対して良い悪いと判断し、のたうち回ったり感激したりしたのは、あくまでも私の心、ひろい意味での思考回路だというわけです。[*16]

3次元ではない成果にもエネルギーを

この教訓を私たちが忘れたとき、3次元における最適解に過ぎない数字や指標を、さも自分の価値であるかのように混同する人生が待っています。第4章でもふれた、「自分が理想とする状況にある（ない）」＝「成功（失敗）であり勝ち（負け）」＝「自分は社会的に価値がある（ない）人間」という方程式に頭が支配されてしまう人生です（259ページ）。

人間の本性上、ある程度しかたない面はあるにせよ、近代西洋OSの問題点に鈍感でいると、その支配が加速するばかりになります。そして、それは確実にこの世界を殺伐《さつばつ》としたものにするでしょう。

だからこそ私たちは、目に見える成果だけではなく、目に見えない、つまり3次元ではない成果にも同じくらいのエネルギーを振り向けるべきです。自分の理想とする状況を、学校・地位・年収といった3次元の成果に求めれば求めるほど、目に見えるものであるがゆえに、比較や勝ち負けへと走りやすくなりますから。

言いかえれば、目先の成果ばかりを気にする人が増えれば増えるほど、ものごとを技能と効率でしか判断しない人、自意識をこじらせる人も増え、この社会がネガティブな方向へ向かうようになるということ。

ですからそれを気にするのと同じくらい、本章で何度も出てくるポジティブさのような、文字どおり目には見えないもの、数字では測れないものも気にして、人生の成果として求める必要があるのです。

近年、日本にも普及してきたＣＳＲ（Corporate《コーポレート》 Social《ソーシャル》 Responsibility《リスポンシビリティー》／企業の社会的責任）のように、得られた利益を社会に還元していらっしゃる方々は、人々の喜びにご奉仕されている点で、それを実践されていると言えます。ただ、ゆくゆくは皆さんの愛そのもの、良心そのものが仕事となっていけば尚《なお》のこと素晴らしく、未来はそんな方々が活躍される時代になることでしょう。

いずれにしても、3次元でない成果をも求めていく——これが第2の教訓となります。

図６・10　アルフレッド・ディラーシャさんと筆者。コンサートにお越し頂いた折に。(2016年)

＊

いかがでしたでしょうか。

こうして私は新しい生き方へと転換し、目に見える成果という意味での成功は、昔のようには求めなくなりました。

もちろん、目標や願い事はいろいろと持っています。ただ、それらに心のすべてが奪われなくなり、かつてのような無駄な力《りき》みや、過剰なこだわりが減ってきたのです。

その結果、嬉しいことに現在では、２０１３年当時とは比べものにならないほど、私の心は穏《おだ》やかです。近代西洋ＯＳを基本として活用しながらも、その問題点を少しは克服できたように思います（心の穏やかさを本でお伝えするのは難しいので、私のつむぐ言の葉のあいだから汲み取って頂ければ幸いです）。

＊

さて、ここに至り、本書全体のテーマにふれる時がやって来ました。

エピローグ

「苦しみや怒りに引っ張られることなく、変化にうまく対処できる柔軟な思考回路へ変革する」――この終着駅を目指して、私たちは長い旅を続けてきました。

このうち「**苦しみや怒りに引っ張られない**」ことに関しては、あらためて述べるまでもないでしょう。すでに私なりのご提案を本章ではっきりと出しています。

「変化にうまく対処できる柔軟な思考回路」の方は、どうでしょうか。

まず、「**柔軟な思考回路**」とは、「自分はこう思っている！」という自意識からくる思考に執着し過ぎないことに他なりません（逆に執着するのが頑固者です）。すなわち、少しぐらい自分の思い通りにならずとも気にすることなく、一時的でも構わないので、それに身を任せられるようになることを意味しています。

一体化して〝ゾーン〟に入ろうとするリーダーシップにしても、成功をことさら求めない生き方にしても、本章でご紹介したさまざまなご提案は、自意識からくる欲求を適度におさえることに関係していました。つまり、これらの実践によって「頑固さを減らす＝頭が柔らかくなる」効果があるわけです。

そしてもう半分の「**変化への上手な対処**」については、第3章でご提案した、近代西洋ＯＳをフル活用することが、それに対する私の答えになっています（２００ページ）。

位置が複雑に変化して我々を〝惑《まど》わす星〟――その惑星の天文データを理性的に処理することで、かならず通用する法則を見つけ出したケプラーを思い出して下さい。

これと同じように私たちも、変化する前と後の状況がどうなっているか理性を使って観察したうえで、適切な対処法を見つけ出すべきなのです。

本書の後半では問題点ばかりがクローズアップされましたが、そのＯＳ独自の強みによって文明がここまで発展したことを忘れてはなりません。変化への対処にあたっても、それは抜群の強さを発揮してくれます。

そして、それを使いこなすためのヒントは、本書の前半部分にたっぷりと散りばめられているはずです。

＊

ところで、すべてがバラバラに存在していても、宇宙全体としては美しく成り立っている状態を、ピタゴラスは「ハルモニア」と名付けました。それぞれ違った音を出しながら、全体では調和した調べとなっている「ハーモニー」の語源です（46ページ）。

宇宙の一部である人間の生も、まさしくハーモニーになっていないでしょうか。

「神は曲線によりて真っすぐに描く」

このエピグラフに象徴されるように、バラバラな音にしか聞こえなかった出来事の連続が、ある時点で〝気付く〟と、美しい和音になっているのですから……。

そのハーモニーの全容を聴くには、目に見える世界だけを扱える科学や近代合理主義だけに頼っていても、逆に目に見えない世界ばかりを信じていてもいけません。

本書をここまでお読み下さいました皆さんにはもうお分かりの通り、何かひとつに偏《かたよ》ることなく自分の思考回路を啓《ひら》かせている状態になってはじめて、美しい人生のハーモニーが聴こえてくるのです。

そのような状態になることを、〝宇宙にみち溢れる聞こえない音楽〟を聴こうとした人々へのオマージュも込めて、私は「『宇宙の音楽』を聴く」と呼んでいます。

人生が１００年に近づき、竹のようにしなやかな対処が常に求められる――このような時代だからこそ、「宇宙の音楽」を聴きたくてなりません。思考回路を変革させる旅は、これからも続きます。

＊

私たちは、終着駅に到着しました。「おわりに」へと降り立たれて下さい。

〈本章エピグラフの出典〉

筆者が高校生のときに何かの本で読んで以来、心に残っていた言葉。まさかこのような形でご紹介できるとは思わなかった。これも人生なのだろう。英語では“God draws straight with crooked lines.”となるらしく、本書で引用するにあたり出典を調べてみたが、どの資料も出典に関しては曖昧な記述が多い。その中でもっとも確からしいのは、16世紀スペインの修道女・アヴィラの聖テレサ（ベルリーニの有名なバロック彫刻の傑作『聖テレジアの法悦』のモデル）に比定する説に思える。カトリック聖職者による言及が多いことが、その傍証となろう。ただし、アヴィラの聖テレサに確定しているわけではないので、本稿では「キリスト教の格言」とした。

Column 6

私にとっての人生そのもの
ロベルト・シューマン作曲『トロイメライ』

本書で最後となるコラムでとりあげるのは、シューマン（１８１０〜５６）のピアノ曲『トロイメライ』です。もっとも有名なクラシックのひとつで、「夢」を意味するドイツ語タイトルを知らなくても、メロディー自体はどこかで耳にしたことがあるのではないでしょうか。

実は、シューマンは私がいちばん好きな作曲家のひとりであると同時に、もっとも一体感をおぼえる作曲家です。その理由は、彼の生い立ちや気質にあります。

シューマンは子供の頃から音楽が好きで、演奏や作曲をしていましたが、（母親の意向もあって）法律家になるためにライプツィヒ大学の法科に入りました。しかし、どうしても法律が好きになれず、音楽にのめり込んでいきます。

こうして、18歳にして本格的にピアノと音楽の修業を始めたシューマンは、20歳のとき、音楽家になる決心をします。最初はピアニストを目指しましたが挫折し、最終的には作曲家として身を立てることになりました。22歳のときです。

子供時代、ピアノを弾くと涙が溢れて止まらなかったほど感受性が鋭かったシューマンですから、遅い年齢から音楽家として歩んでいく苦しみは相当なものだったに違いありません。最後は精神病院で46年の生涯を終えました。

最期は別としても、これは私の半生とそっくりです。

アマチュアオーケストラを運営する家に生まれた私も、子供の頃からピアノ、バイオリン、そして作曲をやっていました。ただ、家族から習うことが嫌だったこともあって、正規の訓練は受けていません。

ジョージ・ワシントン大学2年目だった19歳のとき、あるきっかけで本格的にピアノの訓練を始めました。あまりに楽しくなって、国際関係学そっちのけで練習したものです。

そして、20歳で音楽家になろうと決意し、初めはピアニストを目指したものの挫折、23歳で指揮の道を歩み始めたのです。

もちろん、私はシューマンを意識したわけではありません。しかし、涙腺《るいせん》が故障していることも含めて、まるで自分のように感じ、とても親しみを覚えます。彼の作品を聴いていると、どうしても自分の心情と重ねてしまうほどです。

そんな彼の『トロイメライ』を弾いていると、いつも終章のエピグラフにかかげた言葉を思います。

図C・5　ロベルト・シューマン。最愛の妻クララと一緒に描かれたリトグラフ。その下に2人の自筆署名も入っている。

心の根源へと訴えかけてくる美しいメロディーがくり返されたあと、悲しみと秘めた激情をたたえた中間部をへて、最終的には根源的な美しさへと還《かえ》っていく――そのさまが、光と陰、さまざまな出来事を経験しながらも、最後にはすべてを受け入れきった人間の一生のように感じられるからです（かと言って、シューマンがそこまで想像して作曲したわけではなく、私の個人的な想像なのですが）[*1]。

いずれにしても、私にとってシューマンの音楽は、目の前の現象についネガティブに反応し、自分が踏みしめてきた道を疑ってしまいそうなとき、それに対する信頼を取り戻させてくれる存在です。

「宇宙の音楽」を聴く――その旅を、これからも支えてくれることでしょう。

＊コラムで取り上げた曲は、私のユーチューブ・チャンネルにある再生リスト（「光文社新書『「宇宙の音楽」を聴く』」）でお聴きになれます。

おわりに

知識と技術だけでは、
人間を幸せで尊厳ある暮らしへと導くことは出来ない。
アルバート・アインシュタイン（科学者）

日本人はとても勤勉な性質をもっています。

私は帰国するたびに学校を訪問して子供たちと交流していますが、たとえば吹奏楽部における熱心さなど、アメリカの子供たちとは比べものになりません。同じ曲を何度も何度もくり返して練習します。その習慣が大人になっても残っているのでしょう、日本のアマチュアオーケストラに外国の方が所属すると、あまりに厳しい練習（我々には普通です）に音《ね》をあげてしまうほどです。

時代の激しい変化に対処しようとするにあたっても、その勤勉さは反映されます。読書などを通じ、知識や技術を身に付けることで対処しようとするのです。

ですから、我が国には〝ハウツー本〟と呼ばれる独特のジャンルがあるように、あるテーマについての知識や技術を分かりやすく解説した本が重宝されます。

ビジネス書でも大半がハウツー本です。しかも、それなりに実績ある方々が執筆されています。ですから、そこに書かれてあることを忠実にやれば、変化への対処は万全そうです。

＊

ところが奇妙なことに、ビジネスでも政治でも、フレキシブルな対処ができているとは言いがたい事例が、しばしば現実では見受けられます。私たちの勤勉さがそこまで報われていないようです。

すなわち、いくら良質のハウツー本に学んでも、そして習ったことを忠実に実践しても、その勤勉さだけでは変化への対処が難しいのです。言いかえると、うまく対処できるようになろうにも、決定的な何かが私たちには欠けているということになります。

＊

私たち日本人は、自分の力で論理的に順序立てて考え、行動することについては苦手としています。第1部でみた近代西洋ＯＳを動かす土台となっている部分についての理解と消化が、明治から150年たっても完全には追い付いていないからです。考える、行動するという局面では、そのOSを本来動かすはずの理性中心主義の代わりに、年齢や立場による序列を重んじ、師や年長者の教えを守るという元**儒教文化圏**らしい伝統的なOSが顔を出します。集団の**和**を乱さないように心がける習慣もそうでしょう。

このような**日本の伝統OS**[*1]が決して〝悪〟なのではありません。問題は、私たちが明治以降に導入した、近代化された社会システムとの相性が悪いことに尽きます。

「夢」「個性」「受験」「ビジネス」など、人生や社会制度にかかわる大切な物事においては近代西洋OSを信じきっているのに、いざ実践になってくると昔ながらのOSに影響される――この宙ぶらりんな思考のかたちこそ、激変する時代にうまく対処できない構造的な原因です。

＊

近代西洋OSは誰にでも使えるように出来ているため、相性の悪いOSと併用したとしても機能はしてくれます。

ですから今までは、自分の成功欲求に従って頑張っていれば、日本の伝統的な思考回路を交えていても、私たちは物質的に豊かになれました。そして豊かになれたからこそ、相性の悪さからくる、多少の不満やストレスにも私たちは我慢してきたのです。

ですが、それではもう通用しない時代に入っています。

もはや自分の豊かさを求めるだけではダメだ――それは全世界共通の変化です。このままでは地球の未来が危なくなるからＳＤＧｓが設定され、合理主義や科学ばかりではいけないとアート思考が唱えられる……。

これまでの社会システムや常識を変えなくてはならないとは気付いていて、世界はそれに向かって動きつつあります。[*2] 私たちも乗り遅れるわけにはいきません。

＊

しかしながら、知識や技術をどんなに手に入れようが、変化への対応力は磨かれないのです。自分を変えることは出来ません。また、アインシュタインが説くように、幸せで、尊厳ある暮らしにもなりません。
「知識や技術によって解決できる」――これは我が国にかぎらず、近代西洋ＯＳに染まっている全世界に共通してありがちな誤解です。[*3]
たとえば、成功事例や最新理論をいくら学んだところで、それを受容して、活かしきるだけの柔軟な思考回路を持っていなければ、中途半端に後追いするだけの結果に終わります。

最高級の食材をかき集め、包丁の切り方を習ったところで、かならずしも一流の料理を作れないのと一緒です。

つまり、知識や技術を使いこなす土台を固めることが、私たちにとって最も必要なのではないでしょうか。

＊

希望は大いにあります。

たとえば、帰国したときに出会った吹奏楽部の子供たち。いつもとは違う先生が指揮をするため、最初はどう対処してよいのか分からず、緊張もあって彼らは困惑しがちです。ですから、とりあえずは楽譜どおり忠実に吹いて、私からの指示を待っています。

ここまでは大人の社会でもよくある光景かもしれません。

ところが、終章でお伝えした実践にそって、指示を与えすぎず、一個の芸術家として信頼を寄せたとたん、子供たちはあっという間に変化します。いちど自分で考えたことを表現するワクワクを覚えた彼らは、うちに秘めているエネルギーをほとばしらせ、私の想像をはるかに超える音楽を奏ではじめるのです。

図7・1　子供たち、若い方々にワクワクしてもらえる社会を。帰国時の楽しみのひとつ、若い世代との交流。慣れない指揮者に最初はどう対処してよいか迷っている彼らも、1時間もすれば立派なアーティストに変わる。そんな彼らの柔軟性を伸ばしてあげられるよう、ぜひ我々も変わろうではありませんか。専修大学玉名高等学校吹奏楽部、熊本県玉名市立玉南中学校吹奏楽部の皆さんと。2018年7月。

写真提供：在福岡アメリカ領事館
Photo Courtesy of The U.S. Consulate Fukuoka

子供たちのしなやかさと創造力には、いつも本当に感動させられます。

そして、その心ふるえる体験を思い出すからこそ、私が自分の母国に、それどころか人間の未来に絶望することはないでしょう。

＊

子供のときと比べ、しなやかさを失ったと思われがちな、われわれ大人でも同様です。

意志さえあれば、どんな方でも年齢に関係なく絶対に変われます。やわらかい思考回路への変革とは、難しい知識を覚えることでも、テクニックを華麗に使いこなすことでもないのですから。むしろ、頭脳が発達して、理性的に考えられる大人の方が有利になる点さえあります。

たしかに齢《よわい》を重ねるほど、変革へのチャレンジには勇気――すなわち、失敗を怖れず前に進んでいく力――が要ることでしょう。もしかしたら皆さんも、変わりたいのに怖れを感じておられるかもしれません。

はたまた、もうすでに失敗してしまったと苦しんでおられる、ご自身に腹を立てておられる方もいらっしゃるかもしれません。

そんな時はぜひ、「成功・失敗」といった価値観は、心の持ちよう次第でガラリと変わってしまう、儚《はかな》いものであることを思い出されて下さい。目の前で起きている現象に対して、自分で良い悪いをすぐに決めてしまう必要はまったくないことを思い出されて下さい。

たとえ今この瞬間が闇に感じられたとしても、しかるべきマインドセットになった暁《あかつき》には、光を存分に感じられる——これこそ、人間が生きることの難しさであり、素晴らしさではないでしょうか。

私はこの本を、皆さんがご自身の力で思考回路を変革させようと考え抜き、実践されることを想定して書きました。その過程で、たとえ「失敗した」と思えることが頻繁に起きたとしても、すべてを受け入れつつ歩んで頂けるよう応援するために、自分の経験と想いを言葉にしたつもりです。

*

とはいえ、私はいまだ自己変革の途上である身です。自分で書いていて、とても恥ずかしくなるような箇所がいくつもあったことを告白せねばなりません。

しかし、曲線を描きながら真っすぐに描くのが人生ですから、未熟さを否定してしまうことなく、私なりの「宇宙の音楽」を聴けるようになりたいと願っています。

そして幸いにも、皆さんがこの本に共感されて、同じように願われることがあったなら、それは著者としてこの上ない喜びです。

それぞれの皆さんが、それぞれの「宇宙の音楽」をお聴きになられますように。ささやかながら、心を込めてお祈り申し上げます。

最後までお読み頂きまして、本当にありがとうございました。

〈「おわりに」エピグラフの出典〉
Albert Einstein（Edited by Helen Dukas & Banesh Hoffmann）“*Albert Einstein, The Human Side: Glimpses from His Archives*”（Princeton University Press, 2013）の70ページより。拙訳。

謝辞

読書が好きな人間で、いつか本を書きたいとは願っていました。その夢がかなったことの嬉しさと言ったら、たとえようもございません。

この本が世に出るにあたって、タトル・モリ・エイジェンシーの玉置真波さんと、光文社新書の小松現さんのお二人には、特にご尽力を賜りました。

玉置さんは、本を書いたこともない私を専属著者として迎えてくれたばかりか、連載のお仕事まで与えて下さいました。文筆家として私をデビューさせてくれた恩人です。

その玉置さんからご紹介を受けたのがベテラン編集者の小松さんで、出版初体験で右も左も分からぬ、それどころか恐ろしいまでに遅筆の私を、優しく導いて下さいました。小松さんの的確なアドバイスがあったからこそ、この本があります。

そして言うまでもなく、お二人の他にも、数えきれないほどの方々に助けて頂きました。お世話になった方々すべてに、衷心より感謝を申し上げます。

２０２０年９月　ニューヨーク、ハーレムの自宅にて

伊藤玲阿奈

注釈

はじめに

＊1　本書では、議論の煩雑さを避けるために、「東洋」という語をインドと中国（日本をふくむ東アジア）の文化圏に限定して用いていることをご了解頂きたい。「西洋」は伝統どおり欧米文化圏を指す。くわえて、第5章の＊2と「おわりに」の＊1を必ず参照して欲しい。なお、他の文明、たとえばもうひとつの大文明であるイスラム文化圏についても、本書では煩瑣な議論を避けるために意図的に言及していない。

＊2　本書では、「宇宙の音楽」は一貫してカギ括弧付きで表記する。それは、その定義が各文明によって、また各時代によって異なり、かつ本書のテーマから見れば比喩的に用いられることもあるなど、多義的な内容を包括した言葉だからである。したがって、この言葉を日常的な感覚で早合点しないようにご注意願いたい。なお、本書における同様のケースに、「自由」がある（第3章の＊10を参照）。

序章

＊1　地域によって古代と中世の境界は異なるが、本書では、日本では院政が開始される平安末期の１０８７年、ヨーロッパ（西洋）では西ローマ帝国が滅亡する４７６年、インドではグプタ朝が滅亡する６世紀頃、中国では唐王朝の玄宗時代あたり（8世紀中ごろ）とする。

＊2　本書では基本的に、古代や中世における現在の科学に相当する知的活動や産物に対して安易に「科学」の用語を適用しない方針をとっている。第2章第2節（第2章の＊9〜14）、第4章の＊2、お

よび第5章の＊12も参照せよ。

＊3　奥田恵二『「アメリカ音楽」の誕生　社会・文化の変容の中で』河出書房新社、14ページ

＊4　旧約聖書『ヨシュア記』第6章20節

＊5　正確には、地表に到達する前に蒸発するため、〝雨〟は降らない。硫酸ガスの分子そのものが分解されるほどの高温というから凄まじい（ＪＡＸＡウェブページの記述を参照した）。

＊6　「宇宙」という言葉は、地球外の空間だけでなく、地球内を含むこの世界すべてを指すのが本義である。出典は『淮南子』の「往古来今これを宙となし、四方上下これを宇となす」で、「宇」は空間、「宙」は時間を意味する。つまり時空間のすべてのこと。英語のthe universeも同じく、この世界全体を指す。本書では基本的にこの本来の意味で用いているが、一般的にイメージされる地球外の広大な空間を指すこともある。この辺りの曖昧さは学術論文ではないのでご容赦願いたい。

第1章

＊1　本書では、英語でいうmodernにあたる語として「近代」を主に使用する。すなわち、コペルニクスによって科学革命が始まる16世紀あたりから現在までを、一貫して「近代」と呼んでいる。この語の訳として「近世」「近代」「現代」の3つが（学術的な定義があるにはあるが）混在するうえ、時期によって使い分けてしまうと、西洋の思考回路を追ううえで混乱を招くからである。そうならない文脈においてのみ「現代」を用いる。

＊2　後述するピタゴラスの没年（紀元前４９６年）を起点に、イエス誕生が紀元後4年（５００年後）、キリスト教のローマ帝国国教化が３９２年（８００年後）と考えた。

＊3　ピタゴラスの発見は、鍛冶屋が叩くハンマーの音を聴いたのが発端とするのが一般的に知られる逸話

だが、ハンマーというのは事実ではないかもしれない。ここでは読者の理解を優先して逸話を少し改変した。たとえば、「教団をあげて祝った」のくだりは、実は「ピタゴラスの定理」発見時のエピソードであるが、ピタゴラス派にとって音楽上の発見がいかに意義深いものだったかを分かりやすくするために、あえて付け加えた。

＊4　２：３の完全5度を重ねるピタゴラス音律の場合。ちなみに、現在一般に使用される平均律では整数ではなく無理数となる場合が多い。つまり音が濁ってしまい、美しくない。平均律に慣らされている現代人はある意味で〝音痴〟なのであり、それゆえ無批判に絶対音感を信奉するのは危険である。絶対音感のことを「音楽的不具」「馬鹿げた迷信」とまで言い切る溝部國光のような専門家もいるほどだ（溝部『正しい音階　音楽音響学』日本楽譜出版社、１６８ページ）。

＊5　中世後期の10世紀あたりまで、「ハーモニー（ハルモニア）」の言葉が〝調和した美しい和音〟という意味で使われた例はない。J. James, The Music of the Spheres: Music, Science and the Natural Order of the Universe, Copernicus, an imprint of Springer-Verlag New York, Inc., 1993, p. 79～81.（邦訳版は、黒川孝文訳『天球の音楽　歴史の中の科学・音楽・神秘思想』白揚社）

＊6　ピタゴラスの宇宙論的宗教的音楽観については多数の文献あり。たとえば、国安洋『音楽美学入門』春秋社、１７６～１７８ページ。

＊7　イアンブリコスの『ピタゴラスの生涯』による。おそらく史実ではないのだろうが、面白いので引用した。英訳はインターネットで公開されており、私は次を参考にした。Iamblichus, The Life of Pythagoras, translated by Thomas Taylor, Theosophical Publishing House, Krotana, 1918, p. 31～32.（邦訳版は、佐藤義尚訳『ピュタゴラス伝』国文社）

＊8　プラトンにあってデミウルゴスは制作神であって創造神ではない。あくまでも完全で永遠不変なるイデア界を〝模倣して〟、不完全かつ変化消滅する現象世界を〝制作する〟のである。

＊9　津上英輔の論文『西洋古代と中世の音楽論』によった。根岸一美・三浦信一郎編『音楽学を学ぶ人の

ために』世界思想社、25ページ

*10 納富信留『プラトンとの哲学　対話篇を読む』岩波新書、１７８ページ

*11 『ブリタニカ国際大百科事典』の英語オンライン版「Ptolemaic System」の項。および、ライス大学 Rice University（ヒューストン）の「ガリレオ・プロジェクト The Galileo Project」内の同項を参照した。

*12 今道友信編『精神と音楽の交響　西洋音楽美学の流れ』（音楽之友社）に所収の、津上英輔による論文「諸天体の構造的響和　プトレマイオスの宇宙調和論」を参照した。

*13 正教会は、「ロシア正教会」「日本正教会」など、各地域や国に首座主教を置いた連合形態をとる。ローマ教皇がトップに君臨するカトリックのようなヒエラルキー構造をとらず、各首座主教は平等である。ギリシャ語圏で発展したゆえに「ギリシャ正教」の呼称はあながち間違いでもないが、ギリシャ本国を管轄する「ギリシャ正教会」の総主教にとりわけ権威があるわけでもない。ゆえに「正教会」の呼称が適切であろう。

*14 もともとキリスト教が存在しなかった古代ギリシャ・ローマ時代こそ中世ヨーロッパ人にとって〝暗黒〟だったが、14世紀に人文主義者ペトラルカが「文化的には我々が暗黒時代である」と意味を逆転させたことから始まる考え方。

*15 世界最古の大学は１０８８年頃に創設されたイタリアのボローニャ大学。ただし本格的な大学の姿になるのは12世紀後半。Grendler, Paul. F., The Universities of the Italian Renaissance (JHU Press, 2002), p.6

*16 読者の理解が容易になるよう、１行目は『新共同訳聖書』、２行目は『口語訳聖書』（共に日本聖書協会発行）から引用した。

*17 ボエティウスの音楽三分類は非常に有名であるため多数の文献があるが、国安洋の前掲書（本章注6）なら、１９３〜１９５ページ。なお、以後ラテン語にルビが振ってある場合は、基本的に古典式

の発音に従っている（ミサ曲のみ教会式）。

*18 オックスフォード大学やケンブリッジ大学では、18世紀に至るまでリベラルアーツの授業で『音楽教程』が使用された。Gouk, P. (2002) The Role of Harmonics in the Scientific Revolution. Christensen, T. (Ed.), The Cambridge History of Western Music Theory, Cambridge University Press. p. 225

*19 石井宏『反音楽史　さらば、ベートーヴェン』新潮社、30ページ

*20 三条公忠日記（『後愚昧記』）永和４年［１３７８年］６月７日条

*21 要するに頭を使うということなので、「知性的」、もしくは〝知性を主に使う〟というニュアンスで「主知主義」とされることもある。しかし、本書では知性を「知ること」の意味に限定して、理性とは区別する。

*22 古代ローマから中世にかけて、言語にかかわる文法・修辞学・論理学と、数学にかかわる算術・幾何・天文・音楽の、合計7学科がリベラルアーツ（一般教養）として教えられた。また、理性中心主義の別の典型的な例が中世に起源をもつクラシックの記譜法のシステムである。音の長さを数学的に分割して、幾何学のように図形として処理する。拍子やリズムについては古代ギリシャ語・ラテン語の韻律に由来する。クラシックの記譜法を根本的に理解しようと思えば、アリストテレスの『詩学』などを読む必要がある。

*23 もし西洋と同じ発想をするなら、東洋の音楽にしても似たような記譜法のシステムがあって、音と歌詞を楽譜でもって綿密にコントロールする習慣が根付いていたことだろう。しかし私の知るかぎり、西洋クラシック音楽以外には存在しない。

*24 アリストテレスの実体論ではなく、後述するプラトンのイデア論をふまえた。本質論、実体論、存在論といった細部については私には語る資格も意思もない。思考回路の概要さえ伝われば私の目的は達せられるので、細かい議論は専門家の方々にお任せしたい。

*25 「現象と本質の区別」については、インド哲学の専門家である立川武蔵の著書にヒントを得ている。氏の『空の思想史　原始仏教から日本近代へ』（講談社学術文庫）をご覧頂きたい。この発想がインドにないことは、同書２４７〜２４８ページに記述がある。西洋の思考回路が入ってきた後の私たちにとっては理解が極端に難しいが、私はこの説を支持している。

*26 たとえば、麻田剛立（１７４３〜９９）は次章で登場する「ケプラーの第3法則」を独自に発見したとされる。しかし麻田は蘭学者であって、その思考は純粋に日本的ではない。

*27 本間宗久の業績については一次史料では裏付けられていない。彼が唯一残したとされる〝門外不出の〟『宗久翁秘録』は現代語訳もある（林輝太郎の著作などに収録されている）。解説者たちの主観が入った説明を排除して、宗久が書いたといわれる言葉だけを読んで判断すれば、現象の背後にある理性法則への探求には乏しいとする私と同じ結論になるのではないか（だからといって『秘録』を批判したり、価値がないと私は主張しているのではないことは強調しておく）。

*28 アリス・シュローダー『スノーボール　ウォーレン・バフェット伝』（日本経済新聞出版）やメアリー・バフェット他『史上最強の投資家　バフェットの教訓　逆風の時でもお金を増やす１２５の知恵』（徳間書店）を参考にした。

*29 比肩しうるかもしれないウパニシャッド哲学は、当時まだ体系化をされておらず、西洋哲学的な区別の概念はあまりない。多分に神話的な体系のままだ。立川武蔵『はじめてのインド哲学』講談社現代新書、48ページなど。後に述べるように、中国思想は老荘に代表されるように区別知を嫌う傾向がある。儒教にしても、アリストテレスのように論理を徹底していると言えるだろうか。

*30 『論語』述而第七

*31 中国思想の一般的特徴についての私の理解は、第5章であげる書のほか、蜂谷邦夫、貝塚茂樹、島田虔次らの著作によっている。

*32 立川武蔵『はじめてのインド哲学』（講談社現代新書）の第4章に詳しい。

*33　この一節は、第2節で引いた天地創造の冒頭（「初めに、神は天地を創造された」）へのオマージュであり、神（イエス・聖霊と三位一体とされる）が「光あれ」と言葉を発して、すべてが始まったことを象徴している。神の意志を伝えるのが神の言であり、イエスはそれを伝えるために受肉した。ゆえに神学においては「言」はイエスの潜在性の暗喩となる。遠藤周作［編著］『〈聖書〉の世界がわかるキリスト教の事典』三省堂、１１７ページ。

第2章

*1　「スコラ」（ラテン語scholastics）は、「school（学校）」や「scholar（学者）」の語源なので、〝学者たちの学校での決まりごと〟のイメージでとらえると良いだろう。以下の、私のスコラ学の説明は単純化されているので研究者の方々におかれては不満に感じられるだろうが、どうかお許し頂きたい。

*2　山田道夫訳『新アリストテレス全集　第5巻』岩波書店、１１０ページ。ただし、タイトルは旧全集の『天体論』から『天界について』に変更されている。

*3　古代の学者でも、サモスのアリスタルコス（前３１０〜前２３０頃）は太陽中心説を唱えており、コペルニクスと並んで称えられることがある。ただし、当時においても定説とはならず、スコラ学の権威にもならなかった。

*4　この部分は、三田一郎『科学者はなぜ神を信じるのか　コペルニクスからホーキングまで』講談社ブルーバックス、57〜58ページを参照した。

*5　デカルトの人生や時代背景をふくむ私の基本的な理解は、主に次の2冊によっている。伊藤勝彦著『人と思想11　デカルト』清水書院。伊藤邦武著『物語　哲学の歴史　自分と世界を考えるために』中公新書。また、後掲書の谷川多佳子の解説なども参照した。

＊6　以下の『方法序説』からの引用はすべて、谷川多佳子の翻訳（岩波文庫）をもとにしている。ただし本書では大胆に要約しているので、ぜひ原文にふれて欲しい。

＊7　英語では epistemology であるが、theory of knowledge（知ることについての理論）の呼び方も一般的であることを頭に入れると、分かりやすいだろう。

＊8　近代合理主義の用語については、後述する通り、主客の枠組みの中で理性を最高の手段として用いる態度という意味で使用する。したがって、本書においてこの用語は、ある原理から演繹していく大陸合理論のことを指していないので注意して欲しい。

＊9　『プリンキピア』刊行の年。

＊10　アレクサンドル・コイレが提唱し、ハーバード・バターフィールドが歴史概念として定着させた。野家啓一『パラダイムとは何か　クーンの科学史革命』講談社学術文庫、３１６～３１７ページにその概略がまとまっている。野家は科学革命の始まりをコペルニクス『天球の回転について』が刊行された１５４３年としているが、コペルニクスの地動説自体は１５１０年頃には構想されているため（三田一郎の前掲書、56ページ）、私は16世紀初頭を始まりとした。

＊11　村上陽一郎『人間にとって科学とは何か』新潮選書、15ページ

＊12　Gouk, P. (2002) The Role of Harmonics in the Scientific Revolution. Christensen, T. (Ed.), The Cambridge History of Western Music Theory, Cambridge University Press. p. 225

＊13　村上陽一郎『人間にとって科学とは何か』新潮選書、14～15ページ

＊14　村上陽一郎『近代科学を超えて』講談社学術文庫、21ページ

＊15　「scientia experimentalis」は「実験科学」と訳される場合もあるが、村上陽一郎による「実験哲学」の訳がふさわしいだろう（『近代科学を超えて』22ページ）。ここでは分かりやすく scientia の原義にそって「知識」とした。

＊16　グロケイオ『音楽論 De musica』（『音楽の技法 Ars musicae』とも呼ばれる）による。グロケイオ自

身のラテン語の原文では、それぞれ① musica simplex（musica vulgaris）、② musica componista、③ musica ecclesiastica となる（Devlin, M.（2011）Heavenly Harmonies: From Pythagoras to Josquin, Winged Horse Press. p. 241 を参照しながら、読者に分かりやすく言い換えた）。なお、グロケイオの『音楽論』は、皆川達夫らによる邦訳が春秋社より出版されている。

＊17　ただし、全体がすぐにこのような音楽観へと変化したわけではない。次にみるケプラーの例でも分かるように、「宇宙の音楽」は科学が思考回路を支配するまで根強く残った。

＊18　以下は、ジョスリン・ゴドウィン（斉藤栄一訳）『星界の音楽　神話からアヴァンギャルドまで――音楽の霊的次元』工作舎を参照した。第Ⅲ部第９節（２３２～２３９ページ）を見よ。

＊19　ただし、この３つの星相における例はケプラーの独創ではない。前注で参照したゴドウィンによると、プトレマイオスも同じように考えたらしい。それでも、「宇宙の音楽」を数学的に考えている非常に分かりやすい例なので引いた。ケプラーはこの種の思考をより複雑に展開したという文脈で理解して欲しい。

＊20　科学者とキリスト教の関係については、三田一郎の前掲書に詳しい。ニュートンのオカルト研究についてはインディアナ大学のウェブサイトにある、The Chymistry of Isaac Newton（ケミストリーはニュートン時代の古いスペルなので注意）のアーカイブ、Newton and Alchemy（ニュートンと錬金術）の項などを参照せよ。

＊21　山本信『形而上学の可能性』東京大学出版会、２３２ページ

＊22　村上陽一郎『近代科学を超えて』講談社学術文庫、24ページ

＊23　同書、62～63ページ

＊24　ただし私が前提としているのは近代の西洋と交わる以前の東洋においてのことである。西洋の影響を受けたあとに関しては例外が散見されることだろう。前章の＊26でふれた麻田剛立のように。

＊25　同じアブラハムの神を信仰するイスラム教徒なら、もしかしたら西洋人と思考回路も似ていて、彼ら

が生み出したアラビア科学は近代科学に近いのかもしれない。しかしそのアラビア科学も、西洋における近代科学の発展には太刀打ちできていない。その理由は、次章でみるように西洋が「自由」に目覚め、政教分離に成功したからになるのだろうか。井筒俊彦らによるイスラム哲学に関する著作を読んではみたが、にわか勉強した程度の私では答えが出せない。

＊26　『ブリタニカ国際大百科事典』の英語オンライン版「Philosophy」の項。

＊27　あまり知られていないが、デカルトの処女作は22歳の時に書いた『音楽提要 Compendium Musicae』である。彼が西洋音楽理論の近代化に与えた影響については、次にあげる私の論文を参照されたい。本章の内容と密接に関係している。伊藤玲阿奈『科学革命における西洋音楽理論の脱呪術化』武蔵野学院大学日本総合研究所研究紀要（第17輯・２０２０年）

＊28　「科学」がデカルト的な自意識をベースにした二元論からでしか成立しないことを鋭く指摘する山本信の瞠目すべき論文において、氏は「おそらくドイツ語の『ファッハヴィッセンシャフト』の訳語であろう」と述べておられる（『形而上学の可能性』東京大学出版会、２５０ページ）。Fachwissenschaft は、知識の専門分野を意味する。山本も推測として書いているが、私も「科学」の訳語についての経緯は信頼に足る文献を見つけられなかった。

コラム②

＊1　以上の研究は、大角欣矢・加藤浩子編著『２００CD バッハ名曲・名盤を聴く』立風書房、１８４ページを参照した。ただし、この頁の執筆者である大角氏は〝7〟を完全数としているが、完全数は自分自身をのぞく正の約数の和に等しくなる自然数のことである。正しくは、天地創造の〝6〟が「1＋2＋3」で完全数となる。

第3章

＊1　筑摩書房の『夏目漱石全集10』を底本とする青空文庫を参照した。

＊2　西洋の教育法を学ぶためにアメリカに留学していた伊澤修二は、音楽の授業も当然受けたが、超エリートの伊澤も〝ドレミ〟には苦労したらしい。「ドからレは良くとも、ミとファになると歌えなかった」と回想している。もっとも伊澤がもともと音痴であったなら話は別だが、日本の〝音楽教育の父〟でさえこの有り様であった（奥中康人『国家と音楽　伊澤修二がめざした日本近代』春秋社、１３６〜１３８ページ。なお、日本人が西洋音階の習得が困難だったことについては、１４５〜１４９ページに具体的な記述がある）。

＊3　あくまでも西洋の平均律を基準にした立場からの用語では「微分音」と呼ばれる。民族音楽では世界中に見られる。インド音楽もアラブ音楽も、五線譜では表現することは不可能である（小方厚『音律と音階の科学　ドレミ…はどのようにして生まれたか』講談社ブルーバックス、１６４〜１６６ページ）。

＊4　西洋の記譜法が中世のカトリック教会で開発されたことについては、グラウトとパリスカによる『新西洋音楽史』音楽之友社、上巻の89〜90ページに概略あり。

＊5　この辺りの経緯は、堀内恵三・井上武士共編『日本唱歌集』岩波文庫にある編者による解説によくまとまっている。唱歌の政治的意図についての記述は、同書２４８〜２４９ページ。

＊6　音楽之友社のＷＥＢ連載コラム『「バイエルの謎」その後〜無自覚な音楽史』第17回より。執筆者は、安田寛と小野亮祐。

＊7　ラモーがデカルトの影響を受けていることは同時代人の指摘がある。Paul, C. B.（1970）. Jean-Philippe Rameau（1683-1764）, the Musician as Philosophe. Proceedings of the American Philosophical Society,（Vol. 114 No. 2）p. 140

＊8　この方向性の完成者はドイツの音楽理論家フーゴー・リーマン（１８４９〜１９１９）である。彼の機能和声論は全世界の音楽大学における和声教育の基礎になっている。ただし、長短音階を基本にした調性音楽に限られるので、１９００年前後の後期ロマン派までの楽曲が対象になる。無調やセリー音楽など、それ以外については別の分析法を用いなければならない。

＊9　ジョエル・レスターによる次の論文を参照。Lester, J. (2002) Rameau and Eighteenth-Century Harmonic Theory. Christensen, T. (Ed.), The Cambridge History of Western Music Theory, Cambridge University Press. p. 759

＊10　「宇宙の音楽」と同様（「はじめに」＊2）、「自由」も本書においては多義的な内容を包括させた。一般的な感覚や用法と異なり、自我（自意識）を尊重する思考回路について、すべてを「自由」の語で代表させている。ゆえに、この語に関しては常にカギ括弧付きで表記する。なお、古代から中世にも「自由」という概念は存在するが、奴隷に対する自由人という枠組みが前提で、個人の自由とはほとんど関係がない。よって私は、近代の自由はルネサンス運動に始まるという解釈を採用している。

＊11　高階秀爾『名画を見る眼』岩波新書、30〜31ページ

＊12　浅野和生『ヨーロッパの中世美術　大聖堂から写本まで』（中公新書）の１０４〜１１１ページが、中世キリスト教絵画の決まりについて詳しい。ただし、中世をかなり肯定的に評価している浅野は、本節における私の見解に同意しないだろう。私は中世を暗黒とは見なさないが、中世とルネサンス以降の美術や音楽を比べると、自我（個性）という点では根本的に異なっていると考えている。

＊13　『西洋美術館』（小学館）の１４２ページ、益田朋幸による『神の世界を目指す美術』の記述が（主にビザンティン美術の解説だが）分かりやすい。

＊14　徳善義和『マルティン・ルター　ことばに生きた改革者』岩波新書、第3章第2節（特に94ページ以降）に詳しい。

＊15　よく「知恵の実」と呼ばれるが、聖書には「それを食べると、目が開け、神のように善悪を知るもの

となる」（創世記第3章5節）としか書かれていない。

＊16 ただし、こちらはルネサンス時代には発見されていない。

＊17 野口榮子監修『ヨーロッパ美術史』（昭和堂）の第8章を参照した。

＊18 滝廉太郎の伝記は、小長久子『滝廉太郎』（吉川弘文館）が史料も豊富で、非常にまとまっている。

＊19 『日本の名著33　福沢諭吉』（中央公論社）を底本とする青空文庫を参照。

＊20 サミュエル・スマイルズ『自助論（"Self-Help"）』。なお、中村の『西国立志編』は1871（明治4）刊とする資料が多いが、誤り。

＊21 国家総動員法に代表される社会主義的政策（統制経済）。統制経済の実態は、天下り役人や特権をもった党員などによる市場経済介入であることを忘れてはならない。

＊22 中野雄『指揮者の役割　ヨーロッパ三大オーケストラ物語』新潮選書、72～73ページ

＊23 ピアノ科などと違って指揮科は特殊で、大学（学士号）レベルでは設置されていない音大が一般的。

コラム③

＊1 本コラムの執筆にあたり、廉太郎が幼少期を過ごした大分県竹田市（『荒城の月』のモデルになったと言われる岡城がある）より、自筆譜（浄書譜と草稿譜）写真のご提供を頂いた。これまで『憾』の作曲は亡くなった年の2月で絶筆とされることが多く、次にあげている小長の著作もその説をとっている。しかし、浄書譜と内容に大差がない草稿譜は死去前年の10月31日の日付で、これは帰国した直後にあたる。しかも同じ日付で合唱曲『水のゆくへ』、その前日の日付で合唱曲『別れの歌』の自筆譜も遺っている。詳しい考察はまたの機会に譲るが、ドイツ留学時から書き溜めていた可能性があることを指摘しておく。

＊2 以下の滝廉太郎の伝記は、小長久子『滝廉太郎』（吉川弘文館）の第6章を参考にした。

＊3 海老澤敏『瀧廉太郎　夭折の響き』岩波新書、34ページ

第4章

＊1　自然の斉一性と呼ばれ、自然科学の前提となっている。

＊2　自然現象を構成要素の運動に還元するのが近代科学の特徴である。ゆえに、物理学がすべての科学の頂点に君臨することになる。「物理学帝国主義」とも呼ばれる。村上陽一郎の前掲書『近代科学を超えて』に所収された論文「岐れた諸科学は再び集まる」に詳しい。

＊3　2020年6月19日付のハフポスト日本版によるイチロー元選手への単独インタビュー記事より。

＊4　このあたりの考え方は、人類の生息圏の規模で考える倫理学・エコエティカを提唱した哲学者、今道友信の影響を受けている。詳しくは今道友信『エコエティカ　生圏倫理学入門』（講談社学術文庫）の第2章第5節などを参照せよ。

＊5　ニューヨーク大学ビジネススクールのThe MBA/MFA Dual Degree Programは、2007年に設立されている（プログラムの公式ホームページを参照せよ）。

＊6　本書における「東洋思想」については、第5章の＊1と＊2を必ず参照して欲しい。

＊7　もしくは当時の娯楽であるオペラハウス。ちなみに音楽におけるルネサンス運動の成果がオペラであり、1600年ごろにイタリアで誕生した。

＊8　ハロルド・ショーンバーグ（亀井旭・玉木裕共訳）『大作曲家の生涯』共同通信社、上巻100〜102ページに、ハンガリーの大貴族であったエステルハージ家の宮廷副学長に就任した折に交わした契約書の大部分が掲載されているので、それを参照した。

＊9　ヨーロッパ史では通常「封建制」は中世の社会システムを指すので、この記述は厳密には正しくない。あくまでも領主が領民を所有物として支配している状態として、本書ではゆるやかに「封建制度」の術語を用いていることをお断りする。

＊10　『運命』の冒頭は、「ベートーヴェン自身が『運命はこのように扉をたたく』と語った」という秘書ア

ントン・シンドラーの回想で知られるが、おそらくこの証言自体はシンドラーの作り話であろう。しかし、この曲から運命に打ち克とうとする人間像を感じとらないことは難しく、おそらく同じ、もしくは類似の信念を作曲者は曲に込めていたに違いない（私は解釈学的なアプローチを支持する音楽家であり、実証主義は程々にすべきという態度を保持している。それは本書からも汲み取って頂けることだろう）。なお、『運命』の呼称は欧米では通用せず、『交響曲第5番』と呼ばれる。

*11　門馬直美『ザ・ベートーヴェン』春秋社、２５７ページ。政府から尾行されていたという言及がある。

*12　葬儀の参列者については研究者によって1～3万人と相違があるので、数万人とした。遺産については生地ボンにあるベートーヴェン・ハウス（Beethoven-Haus Bonn、ベートーヴェン研究の中心機関）が運営するウェブサイトの記述によった。

*13　ショーンバーグの前掲書、１５０ページ

*14　くれぐれも現代人の感覚で江戸以前の日本人を推測してはならない。たとえ「立志」などの言葉が出てきても、儒教の「修身斉家治国平天下」の枠内であって、個人の自由がベースにある現代における夢や成功とは異質であろう。

*15　小林正観『無敵の生きかた　みんなが味方になる』廣済堂出版、２０４ページの表現をそのままお借りした。『スッタニパータ』に代表される仏典の神髄を、現代人にきわめて分かりやすい言葉で伝えた小林の著書には、東洋思想（特に仏教思想）の理解に助けられた。

*16　同書、２０２～２０５ページ

*17　１８０６年、リヒノフスキー侯爵に激怒して書いた有名な言葉。資料で書いた状況の細部が異なるが、事件現場フラデツ・ナド・モラヴィツィー城（現チェコ領）に居合わせた地元オパヴァの医師アントン・ヴィーサーの回想が最も信頼性があると感じられる。

*18　後期三部作の最後、『こころ』が代表的。

第５章

＊１　本書では分かりやすさを優先して「近代西洋ＯＳ」と対比させて「古代東洋ＯＳ」の用語を使っているため、２つとも便宜的に〝古代東洋思想〟としたが、あくまでも古代からの伝統という意味で解釈して欲しい。古代に廃れたわけではない。＊２も参照せよ。

＊２　本書における「東洋思想」「古代東洋ＯＳ」の用語に関しては、誤解のないようどうか注意して欲しい。文字どおりで言えば、今の日本人をどちらかというと苦しめている儒教思想（「おわりに」で言及）も古代中国なので含まれてしまう。しかし、私が使うこの用語には含まれない。第３部で言及する〝古代東洋思想〟は、自意識を根拠にした主客の区別をつけないで展開される存在論もしくは認識論の系譜を指す。すなわち、アジット・ムケルジーが「相対的な存在であるおのれと、他人と、それに絶対的な存在である真理とが、本源的に同じだとみる考えかたは、東洋思想の根底にほぼ共通してみられる」（ムケルジー［松長有慶訳］『タントラ　東洋の知恵』新潮選書、11ページ）と主張しているのと同様である。＊１とあわせ、一般読者の読みやすさや紙面節約のための処置であるので、どうかご了解願いたい。

＊３　『荘子』斉物論第二の冒頭にある「天籟（てんらい）問答」である。人籟は「人間の音楽」、地籟は「大地の音楽」、そして天籟は「宇宙の音楽」として筆者が大胆に翻案したが、荘子がいわんとする根本的な部分はそのまま伝わるはずだ。

＊４　『老子道徳経』第８章・第78章などを参照せよ。

＊５　東アジア文化でよく引き合いにだされる〝無我の境地〟の原形はタオイズムにある。インドから伝来した仏教も、中国でタオイズムの影響で変質したものが日本にも伝わった。禅はその最たるものである。立川武蔵『空の思想』講談社学術文庫、２６２ページなど関連研究は多数。

＊６　同時に、この天籟問答は運命の主宰者（神）の不在をも主張している。因果関係が存在するなら、ア

リストテレスの「不動の動者」に代表される究極の根本原因を必然的に措定せねばならない。しかし因果律さえ否定するタオイズムでは、根本原因も存在しないため無神論となる。鈴木三樹三郎『「無」の思想　老荘思想の系譜』講談社現代新書、54〜55ページ、または福永光司『荘子　内篇』講談社学術文庫、52〜53ページを参照せよ。

＊7　母体保護法によると、12週未満の胎児の場合は、中絶による人工死産であろうと自然死産であろうと届け出や火葬は不要とされる。ただし、医療廃棄物として処理しなければならない。

＊8　「ブラフマン」は「梵」、「アートマン」は「我」と漢訳される。ブラフマンとアートマンの一体化は、したがって「梵我一如」とも言われる。

＊9　立川武蔵『はじめてのインド哲学』講談社現代新書の第4章に、ヨーガ学派などについての基本的説明がある。

＊10　佐保田鶴治『ヨーガ根本経典』平河出版社、31ページ。一部、漢字かな遣いを改めた。また原文では「自己と唯一絶対な宇宙生命」であるが、直後に言及されているキリスト教の唯一絶対神との混同を避けるために、ここでは「唯一絶対な」という形容詞を省略したことをお断りしておく。佐保田博士の真意は汎神論的な意味でのそれであり、隔絶された世界に独立して存在する神ではない。省略しても意味は十分に通じるだろう。

＊11　横山紘一『やさしい唯識　心の秘密を解く』NHK出版、43ページ。

＊12　あらためて注意を促しておくと、科学（私たちが思い浮かべる近代科学）は第1部でみた西洋独特の思考回路があってこそ誕生したものであるというのが私の立場だ。近代以前にも、インドのような非西洋文明にも科学は存在したとする言説は後を絶たないが、「科学」の定義もふくめて科学史および哲学史の見地から論証すべきだ。類似したものを十把ひとからげに科学では、なぜ西洋においてのみ異常にそれが発展したのか説明がつかないだろう。当の科学者自身も、「科学」の定義については主観的に過ぎる傾向があり、私には彼らが新しい宗教を立ち上げたように見えるときがある。

＊13　ホーリズム（Holism・全体論）とも表現できるかもしれないが、これはあくまでも近代西洋の還元主義に対立する概念として解釈すべきもので、インドはじめ東洋の汎生命主義や汎神論とは違う点に注意されたい。西洋ＯＳを西洋ＯＳで批判したもので、私の論点とは微妙に重ならない。

＊14　新約聖書『ヨハネによる福音書』第６章第46節や『ヨハネの手紙（一）』第４章12節など。

＊15　ラヴィ・シャンカル財団（The Ravi Shankar Foundation）のウェブサイト（www.ravishankar.org）に掲載されているシャンカルの論考『インド古典音楽の鑑賞について（On Appreciation of Indian Classical Music）』を参照した。ただし分かりやすく適宜いいかえてある。なお「魂の修行」に関しては輪廻転生への理解も必要になるが、紙面の関係上割愛した。

＊16　「自由」という言葉は古くから日本語に存在した。しかしそれは「我がまま」というネガティブな意味であった。西洋における「自由 freedom / liberty」の概念は自我に立脚して、積極的に求められる内的価値である。その意味では誤解を招きやすい翻訳語だ。明治以降、東洋思想の研究書でも「自由」の語が使われることがあるが、適切ではないのではないか。この問題については柳父章『翻訳語成立事情』（岩波新書）第９章に非常に学術的な論考があるので参照されたい。

＊17　本章＊２に引いたムケルジーの言葉がこれを象徴している。

＊18　Ｂ・Ｃ・デーヴァ（中川博志訳）『インド音楽序説』東方出版、２１８～２２６ページに詳しい。

＊19　「近代西洋的に」というのは、〝自我の目覚め〟がおこったのは近代だからである。

コラム⑤

＊１　ジョン・ケージ＆ダニエル・シャルル（青山マミ訳）『ジョン・ケージ　小鳥たちのために』青土社、２３８ページを参照した。

＊２　２００２年９月23日付のＣＮＮ報道より。

終章

＊1　私の尊敬する大哲学者・今道友信先生（1922〜2012）は、「世界は人間にとって誕生の瞬間からすでに分離であり、分裂した世界、傷ついた世界の修復への希望か、いやしへのあこがれ」が差異性のなかで同一性を求める人間にあることが、苦悩の根源的原因だとしている（『西洋哲学史』講談社学術文庫、348ページ）。私が東洋哲学にのめり込む理由となった自己同一性の問題は、これから益々大切にされるべきだ（ただし、この問題は東洋の専売特許ではない。根本的なアプローチが異なるにせよ、西洋哲学のテーマのひとつでもある。私の本書における欠点のひとつは、平易な語り口を優先させたがゆえに、問題を単純化して読者に提示せざるをえなかったことだ。どうか、東洋が西洋より上だとか、その逆だとか、もしくは「和魂洋才」だとかいうような、分離をうむ狭い発想なしに本書に接して頂きたい）。

＊2　現象を自意識の中で分析するしかない科学では手の届かない問題を、東洋思想で考えることが可能になる。たとえば、科学的な思考では明確に答えられない「どの時点をもって人間の生命は誕生したのか?」という問題に、インドの伝統OSなら一定の説得力がある回答を与えることができたように（第5章第2節）。その根拠はと言えば、みずから修行を重ね、遂に悟ったとき訪れるブラフマンとの一体化の体験でしかないので曖昧ではある（しかし科学の根拠である自意識の正体にしても曖昧なのだから「茂木健一郎『意識とは何か』ちくま新書、20〜21ページ」、実のところ両者の論理的根拠のたしかさについては大して変わらないということではないか?）。それでも、科学や合理主義、「自由（自我の尊重）」といった思考回路では汲み取りきれない何ものかを、たしかに汲み取っている。第5章＊2も参照せよ。

＊3　パウル・バドゥーラ=スコダ『ベートーヴェン　ピアノ・ソナタ　演奏法と解釈』音楽之友社、85ページにゲーテの格言として引用されている。この本で知って以来、私の好きな言葉のひとつであるが、

時間的制約の関係でゲーテの原典を見つけられなかった。

＊4　「あるがまま」を精神医学に取り入れたのが森田正馬（１８７４～１９３８）によって創始された森田療法である。そこでも、「あるがまま」が単に欲望にしたがって思い通りに振る舞うことでないことは強調される（岩井寛『森田療法』講談社現代新書、14ページ）。

＊5　自分の願望や欲求の実現ではなく、自分の魂（スピリット＝内面）を高次な愛へと高める——そのような本来のスピリチュアリズムが最も現れているもののひとつが新約聖書であろう。イエスの生涯を記した福音書から後半の書簡集まで、愛という西洋的な一体化にあふれている。

＊6　やはり宗族や家族内における序列を尊重することをベースに、道徳で社会を維持しようとする儒教にルーツがあろう。東アジア人は「いや私はまだまだ」と自己に厳しい傾向があることはたしかに思える。

＊7　第4章の＊15で紹介した小林正観の前掲書の同ページを参照した。なお、２０１５年の調査によると、「自分はダメな人間だと思う」と回答した高校生は、なんと7割以上。これでは幸せを感じられない。大人として責任を感じるのは私だけだろうか（国立青少年教育振興機構『高校生の生活と意識に関する調査報告書』を参照せよ）。

＊8　この点に対して無理解なのが、悪い意味での学者的思考だろう。すなわち、ある原理から演繹していくことのみで価値判断を下すのである。

＊9　このような言説は、ここ１５０年ほどの芸術家観に染まっている方には受け付けられないかもしれない。ここでは、指揮者であれピアニストであれ、一般に完璧主義と思われている演奏家でも、実際にはかなり現実的な対応をしていることを、音楽家として現場の観点から指摘しておくに留めよう。

＊10　旧約聖書『創世記』第1章28節。新共同訳を参照した。

＊11　２０１９年12月19日配信のＡＦＰ通信による記事「環境汚染の関連死　インドが最多　報告書」より。

＊12　たとえば、彼の『無為』（『トルストイ全集14』河出書房新社に所収）を読むと分かりやすい。

＊13　自意識を減らそうと瞑想やヨーガをやっても、初心者のうちは無我になること自体に執着してしまうだろう。「自分は存在しない」「自分を出さない」と努力することは、結局のところ「自分はこうありたい、なりたい」と努力することと等しく、やればやるほど自意識が強化される悪循環となる。同様に、引き寄せの法則といった類は、自我の欲求を強化するため、結局のところ余計に苦しむ人が増えるのではないかと危惧している。

＊14　「幸せは気付き」の表現も小林正観から借用した（前掲書１３２～１３８ページ）。もともとは仏教の「空」から来ている。ちなみに小林の著作に出会う前、つまり当時の私は「言語イメージによる単純化作用に惑わされない」という表現で呼んでいた。我ながら石頭が恥ずかしい。さすがにこれでは読者が離れてしまうので、小林の助けをお借りしている。

＊15　上段の第44章からの引用は、福永光司訳（ちくま学芸文庫）と金谷治訳（講談社学術文庫）を合体させ、下段の第46章については金谷訳にしたがった。

＊16　こちらも仏教の根本思想。＊14の小林の著作でも同ページに同内容のことが書かれてある。なお、このようなブッダの教えはよく科学的と表現されるが、厳密には正しくない。それは本書の科学に対する姿勢から理解して頂けると思う。

コラム⑥

＊1　今の職業音楽家はこのような解釈を「主観的」「文学的」として嫌うが、私は楽理分析を徹底的に施すという条件付きで好んでいる。時間や条件が変わっても変化しない、本質的な関係を作品と私の生との間に築くためである。それは楽理だけでは不可能だ。

おわりに

＊１　古代中国の思想である儒教、および儒教に影響された日本の伝統ＯＳも、まぎれもなく東洋思想の一種である。したがって、言葉のうえでは第３部における古代東洋ＯＳとの区別が問題になってくるが、煩瑣な議論を避けるためにあえて触れなかった。あらためて第５章の＊２を参照して欲しい。また、紙面の制約もあって伝わりにくいが、私は儒教や日本の伝統的習慣を否定しているのではないことを強調しておく。

＊２　ベーシックインカム・宿題の廃止・性別で分けないトイレ……。これまでには考えられなかったさまざまな試みが進行している。

＊３　たくさんの子供の学力を効率的に上げる近代教育システム、および過度な専門化によって、全世界的な傾向である。

企画・編集協力　株式会社タトル・モリエイジェンシー
本文図版制作　デザイン・プレイス・デマンド
目次・章扉・コラムデザイン　熊谷智子

伊藤玲阿奈（いとうれおな）
1979年、福岡県生まれ。指揮者。ジョージ・ワシントン大学国際関係学部を卒業するも、音楽家になることを決意。ジュリアード音楽院とマネス音楽院の夜間課程にて学び、アーロン・コープランド音楽院で修士号を取得。2008年、ニューヨークにてプロデビュー。以後、カーネギーホールなど世界各地で指揮しつつ、政府や国際組織との音楽イベントもプロデュース。'14年、「アメリカ賞」（プロオーケストラ指揮部門）を日本人初の受賞。武蔵野学院大学スペシャル・アカデミック・フェロー。ニューヨーク在住。本書が初の著書。

「宇宙《うちゅう》の音楽《おんがく》」を聴《き》く　指揮者《しきしゃ》の思考法《しこうほう》

2020年11月30日初版1刷発行

著　者 —— 伊藤玲阿奈
発行者 —— 田邉浩司
装　幀 —— アラン・チャン
印刷所 —— 萩原印刷
製本所 —— ナショナル製本
発行所 —— 株式会社光文社
東京都文京区音羽1-16-6（〒112-8011）
https://www.kobunsha.com/
電　話 —— 編集部03（5395）8289　書籍販売部03（5395）8116
業務部03（5395）8125
メール —— sinsyo@kobunsha.com

 ISBN 978-4-334-04506-7

光文社新書

1077

南極で心臓の音は聞こえるか
生還の保証なし、南極観測隊

山田恭平

「南極大陸の奥に進むと、静かすぎて己の心臓の音が聞こえるという」――そんな伝説めいた話から南極を目指した著者による、1年4カ月の滞在記。南極観測隊のリアルが分かる一冊。

978-4-334-04484-8

1078

子規を「ギャ句」る
名句をひねると「ギャ句」になりました

夏井いつき

名句をひねって味わう遊びへの誘い。俳句の辛口先生が正岡子規をギャ句った作品を募集し採点。原句があるから誰でも始められ知識と技を同時習得。最小変化で最大効果を狙え！

978-4-334-04485-5

1079

小池百合子　権力に憑かれた女
ドキュメント東京都知事の１４００日

和田泰明

【緊急出版！】メディアの特性を熟知した政治家・小池百合子。築地市場移転、東京五輪、新型コロナ対策など、4年間の彼女の実績を、「週刊文春」記者が徹底取材で明らかにする。

978-4-334-04486-2

1080

クワバカ
クワガタを愛し過ぎちゃった男たち

中村計

「クワバカ」とは、クワガタを愛し過ぎて、人生を賭してしまった男のこと。そんな男たちの人生を生き生きと描く傑作〝昆虫〟ノンフィクション、ついに刊行。クワガタ沼へようこそ！

978-4-334-04487-9

1081

新型コロナから見えた日本の弱点
国防としての感染症

村中璃子

世界の多くの国で、新興・再興感染症は国防の要である。ＷＨＯでの勤務経験を持つ医師・ジャーナリストが、新型ウイルスとの闘いを外交・国防、ビジネスの観点から捉え直し伝える。

978-4-334-04489-3

1082

「文」とは何か
愉しい日本語文法のはなし

橋本陽介

なぜ文法の授業はつまらないのか？　本書は「文」とは何かというそもそもの話から論を起こす。誰もが退屈さを覚えた「文法」について、若き研究者がイメージを一新する。

978-4-334-04488-6

1083

面白いことは上司に黙ってやれ
日本発の新ビジネスを生み出すには？

春日知昭

日本で創造的なビジネスがうまくいかない理由とは？　ソニーでＡＩＢＯの開発などに携わったロボット開発者が、日本が世界で再び存在感を示すための考え方を記す。【松尾豊氏推薦！】

978-4-334-04490-9

1084

おとなの発達障害
診断・治療・支援の最前線

岩波明監修　小野和哉
林寧哲　柏淳ほか

ＡＤＨＤ、ＡＳＤ、ＡＤＨＤとＡＳＤの併存、発達障害と愛着障害との関連、二次障害、就職・仕事――臨床医・支援者が、最新の知見に基づき、皆さんの困りごとに答えます。

978-4-334-04491-6

1085

人生は凸凹《でこぼこ》だからおもしろい
逆境を乗り越えるための「禅」の作法

枡野俊明

人生には成功もあれば失敗もある。「凸（順境）凹（逆境）」が繰り返されることを受け止めよう。ベストセラー『心配事の9割は起こらない』の著者による、元気が出る人生論。

978-4-334-04492-3

1086

伝え方は「順番」がすべて
分単位のコミュニケーションが心を動かす

小沼竜太

圧倒的人気を誇るスマホ向けＲＰＧ「Fate/Grand Order」（通称ＦＧＯ）ほか、数々の人気ゲームのプロモーションに携わる〝ゲームの宣伝屋〟が初めて明かす「伝え方」の極意。

978-4-334-04493-0

光文社新書

1087
恋愛学で読みとく　文豪の恋
森川友義

名だたる文豪たちが小説に描いた恋ははたして妥当なものなのか。恋愛学を提唱する著者が科学的に分析し、考察する。従来の文学研究にとらわれない、知的なエンターテインメント！

978-4-334-04494-7

1088
正義を振りかざす「極端な人」の正体
山口真一

SNSでの誹謗中傷、自粛警察、不謹慎狩り、悪質クレーマー——奴らは何者か？「炎上はマスメディアが生み出す」「SNSは世論を反映しない」等、データ分析から分かった真実。

978-4-334-04495-4

1089
太田和彦のふらり旅　新・居酒屋百選
名酒放浪編
太田和彦

BS11の人気番組が1冊に！　北は札幌から南は五島まで日本全国19の街の65軒を紹介。本書片手に旅するも良し、読んで思いを馳せるのもまた良し。写真満載のオールカラー版。

978-4-334-04496-1

1090
宇宙に行くことは地球を知ること
「宇宙新時代」を生きる
野口聡一　矢野顕子
取材・文　林公代

誰もが宇宙に行ける日が近づいている——。民間による「宇宙旅行時代の幕開け」という歴史的転換点を迎えた今、宇宙飛行士とミュージシャンが宇宙体験からスペースXまでを語る。

978-4-334-04497-8

1091
夢中力
堀江貴文　野村克也

一つのことにハマり、全身全霊を捧げる。異分野の二人の共通項だ。「好きなことをやる」が成功の条件であることを彼らの生き様が証明する。突き抜けた思考に触れる読書体験。

978-4-334-04498-5

光文社新書

1092
丁寧に考える新型コロナ
岩田健太郎

長期戦が予想される新型コロナ対応。あらゆる項目について「分かったつもり」でなく「本当に分かる」までじっくり解説する。巻末特別対談「西浦博先生に丁寧に聞く」も収録！

978-4-334-04499-2

1093
失敗しない　定年延長
「残念なシニア」をつくらないために
石黒太郎

日本企業に跋扈する「残念なシニア」を放置すると、日本経済が崩壊に向かう――!?　気鋭の人事コンサルタントが、会社もシニア自身も活性化させる「正しい定年延長」を提言する。

978-4-334-04500-5

1094
新型コロナはアートをどう変えるか
宮津大輔

世界のアート市場は、新型コロナウイルスの蔓延によってその姿を一変させた。アートはこれからどう変化するのか――。歴史・社会・経済を通して、アート市場の未来を大胆に予測。

978-4-334-04501-2

1095
室温を2度上げると健康寿命は4歳のびる
笹井恵里子

寒い家に住んでいると早死にする!?　最新の研究結果を元に頻尿、不眠、寝つきの悪さ、高血圧、アレルギーなどを「住環境」で改善させるアイデアを提案する日本人必読の一冊。

978-4-334-04502-9

1096
税金下げろ、規制をなくせ
日本経済復活の処方箋
渡瀬裕哉

日本が不況から脱出できないのは「税金と規制」の問題だ。この国では「増税はやむなし」なのか？　日本が打つべき手とは？　俊英の政治アナリストが、私たちに刷り込まれた洗脳を解く！

978-4-334-04503-6

光文社新書

1097

20年で元本３００倍 お金が集まる５つの原則

秋山哲

誰でも資産が増える投資商品とは？　優良な投資先に共通する３つの特徴とは？　元本３００倍の個人投資家が「投資」を中心に、お金の不安を解消する５つのルールを伝授する！

978-4-334-04504-3

1098

下町はなぜ人を惹きつけるのか？ 「懐かしさ」の正体

三浦展

明治維新の30年後に「ふるさと」が注目され、敗戦の30年後に「下町」が発見された。工場の煙が立ち上る近代の象徴だった下町がノスタルジーの対象となるまでの実像を綴る。

978-4-334-04505-0

1099

山本太郎とＮ国党 ＳＮＳが変える民主主義

真鍋厚

彼らは本当に「ポピュリスト」と切り捨てていい存在なのか。この時代に彼らが国会で議席を得たのは偶然か。ＳＮＳ全盛時代の民主主義のあり方を問う、新しい切り口の政治論。

978-4-334-04508-1

1100

「宇宙の音楽」を聴く 指揮者の思考法

伊藤玲阿奈

時代の変化にどう柔軟に対応するか？　二〇歳を過ぎて音楽家への道を選び、ニューヨークで戦ってきた指揮者が綴る、成功と失敗の概念を超える「しなやかな思考」のつくりかた。

978-4-334-04506-7

1101

Ｚ世代 若者はなぜインスタ・ＴｉｋＴｏｋにハマるのか？

原田曜平

「Ｚ世代」は「ゆとり世代」と何が違うのか？　世代人口が少ないにもかかわらず、彼らの発信力・拡散力はなぜ巨大なのか？　「スマホ第一世代」を若者研究の第一人者が徹底分析。

978-4-334-04507-4